中华传统美德百字经

敏·机敏善识

于永玉 华志攀◎

　　一段历史之所以流传千古，是由于它蕴涵着不朽的精神；一段佳话之所以人所共知，是因为它充满了人性的光辉。感悟中华传统美德，获得智慧的启迪和温暖心灵的感动；品味中华美德故事，点燃心灵之光，照亮人生之路。

天津人民出版社

图书在版编目（CIP）数据

敏：机敏善识/于永玉，华志攀编. —天津：天津
人民出版社，2012.6

（巅峰阅读文库. 中华传统美德百字经）

ISBN 978-7-201-07571-6

Ⅰ. ①敏… Ⅱ. ①于… ②华… Ⅲ. ①品德教育—中
国—通俗读物 Ⅳ. ① D648-49

中国版本图书馆 CIP 数据核字 (2012) 第 133794 号

天津人民出版社出版

出版人：刘晓津

（天津市西康路 35 号 邮政编码：300051）

邮购部电话：（022）23332469

网址：http://www.tjrmcbs.com.cn

电子信箱：tjrmcbs@126.com

永清县晔盛亚胶印有限公司印刷 新华书店经销

2012 年 6 月第 1 版 2012 年 6 月第 1 次印刷

690×960 毫米 16 开本 10 印张 字数：100 千字

定价：19.80 元

中国是一个具有悠久历史和灿烂文化的文明古国，也是举世闻名的礼仪之邦。在历史的长河中，中华民族创造出了绚丽多彩的物质文化和精神文化，为人类的发展和进步做出了重要贡献。其中，中华民族的传统美德被大家代代传承。

那么，什么是传统美德？什么是中华民族的传统美德呢？通常来说，传统美德就是在自觉或习俗的道德规范中，一些被大多数人所接受并实际奉行的，而且在现代仍有着积极影响的那些美德。具体到中华民族传统美德，概括起来就是指中华民族优秀的民族品质、优良的民族精神、崇高的民族气节、高尚的民族情感以及良好的民族礼仪等，是中华民族在历史实践过程中积累而成的稳定的社会优秀道德因素，体现在人们生活的方方面面，涉及政治、经济、文化、意识等领域，并通过社会心理结构及其他物化媒介得以代代相传。

前 言

经过长期的历史沉淀，中华传统美德已融入到中华民族的思想意识和行为规范中，成为社会道德文化的遗传基因，成为整个中华民族文化的精神内涵，也是中华五千年文明史的精髓所在。继承和弘扬中华民族传统美德，可以振奋民族精神，增强民族自尊心、自信心、自豪感和凝聚力，使社会主义道德规范具有更丰富的内涵，让社会主义、集体主义、爱国主义思想等更加深入人心，成为社会主义文化的主旋律。同时，还可以更好地协调人际关系，促进社会主义市场经济的健康发展，形成有中国特色的、适应社会发展的价值观和伦理道德规范。

国民的思想道德状况，尤其是青少年的思想道德状况，直接关系着一个国家、一个民族的整体素质，关系着国家前途和民族命运。目前，我国已进入改革发展的新时期新阶段，德育教育的价值和意义更是日渐凸显。大力弘扬中华传统美德，建设社会主义核心价值体系，促进社会主义文化的发展和繁荣，是建设全面小康社会的主要任务，更是实现中华民族伟大复兴的必然要求。因此，党中央非常注重我国公民道德建设，全社会也已形成了加强和改进思想道德建设的新风尚。

青少年是国家的希望，是民族不断发展和延续的根本，因此，青少年德育教育就显得更加重要。为了增强和提升国民素质，尤其是青少年的道德素质，我们特意精心编写了本套丛书——《中华传统美德百字经》。

本套丛书立足当前公民，尤其是青少年思想道德教育的现实，将中华民族的传统美德归纳为一百个字，即学、问、孝、悌、师、教、言、行、中、庸、仁、义、敦、和、谨、慎、勤、俭、恤、济、贞、节、谦、让、宽、容、刚、毅、睦、贤、善、良、通、达、知、理、清、廉、朴、实、志、道、真、立、忠、诚、公、正、友、爱、同、礼、温、信、尊、敬、恭、恕、责、仪、精、专、博、富、明、智、勇、力、安、全、平、顺、敏、思、积、利、健、率、坚、情、养、群、严、慈、创、新、变、革、争、谏、诲、齐、省、克、竞、求、简、洁、强、律。丛书内容丰富、涵盖性强，力图将中华民族传统美德的内涵囊括进去。丛书通过故事、诗文和格言等形式，全面地展示了人类永不磨灭的美德：诚实、孝敬、负责、自律、敬业、勇敢……

敏·机敏善识

2

这些故事在中华民族几千年的历史长河中，一直被人们用来警醒世人、提升自己，用做道德上对与错的标准；同时通过结合现代社会发展，又使其展现了中华民族在新时代的新精神、新风貌，从而较全面地展示了中华民族的美德。

在本套丛书中，为了帮助读者更好地理解这些源远流长的传统美德，我们还在每一篇故事后面给出了"故事感悟"，旨在令故事更加结合现代社会，结合我们自身的道德发展，以帮助读者获得更加全面的道德认知，并因此引发读者进一步的思考。同时，为丰富读者的知识面，我们还在故事后面设置了"史海撷英"、"文苑拾萃"等板块，让读者在深受美德教育、提升道德品质的同时，汲取更多的历史文化知识。

前 言

这是一套可以打动人心灵的丛书，也是可以丰富我们思想内涵的丛书……《中华传统美德百字经》向我们展示的是一种圣洁的、高尚的生活哲学。无论在任何社会、任何时代，给予人类基本力量的美德从来不曾变化。著名的美国政治家乔治·德里说："使美国强大的不是强权与实力，而是上帝赐予的美德。假如我们丢失了最根本且有用的美德，导弹和美元也不能使我们摆脱被毁灭的命运。"在今天，我们可能比任何时候都更应关心道德问题，尤其是青少年的道德问题，因为今天我们正逐渐面临从未有过的道德危机和挑战。

人生的美德与智慧就像散落的沙子，我们哪怕每天只收集一粒，终有一天能积沙成塔，收获一个光辉灿烂的明天。《中华传统美德百字经》中的美德故事将直指我们的内心，指向人性中善良的一面，唤起我们内心深处的道德感。因此，中华民

族的传统美德也一定会在我们的倡导和发扬之下，世世传承，代代延续！

全套丛书分类编排，内容详尽、文字优美、风格独具，是公民，尤其是青少年思想道德建设的优秀读物。愿这些恒久流传的美文和故事能抚平我们每个人驿动的心，愿这些优秀的美德种子能在青少年身上扎根、发芽、生长……

敏·机敏善识

导言

说到"机敏善识"，其核心是"敏"。"敏"的含义很多，诸如"敏瞻"（敏捷多智）、"敏睿"（敏捷聪慧）、"敏疾"（反应迅速）、"敏才"（才思敏捷）等，而"机敏"的前提是"善识"，没有远见卓识何谈"机敏"。见诸史料的记述早已有之，"机敏故造次而成功，疑虑故愈久而致绩"（《文心雕龙》）；"回虽不敏，请事斯语矣"（《论语·颜渊》）；"是故聪与敏，可恃而不可恃也"（《孟子·梁惠王上》）；"礼成而加之以敏"（《左传·僖公三十三年》）；其要义都是讲，即便天赋聪敏的人，不勤奋博学最终也避免不了失败，愚钝和平庸的人也可以通过坚持学习而成功。凡此，对于何谓"机敏"、怎样理解"机敏"、怎样培育"机敏"以及完整理解"机敏善识"的内涵，古人已经作出了明晰的诠释。

"机敏善识"这句话易于理解，一般人却难以做到。涉及"机敏善识"范畴的人文典故，或因其高超的语言技巧、果断的正确决策、临危自若的应变能力、日常人际间的精妙解难——在内政外交、重大战事、突发事件、民间趣闻中以超常的睿智而成就大业、传为佳话者，多不胜收，在古今文苑史海中独尽风骚。

冷兵器时代已成为历史，随之意味着叱咤风云的个人英雄时代已经淡去，进入21世纪的今天，市场经济形态的多元化带来了观念的更新，"机敏善识"的素质培养不但没有弱化，反而越发显示出其重要性。

当今时代，经济领域中浓郁的"商战"态势、开拓与发展经济、复杂多变的内政外交形势、日常生活中的人际关系、面临突发事件，诸如火灾、水灾、地震、暴力、涉案等关键时刻，能做到及时地处理与化解，能做到随机应变，立于不败之地，"机敏善识"依然是至关重要的胜算条件。

一个人能做到"机敏善识"，重要的是经验积累、学识广博与品格修养。现代社会中兴起的各类名目的进修班、培训班、专业辅导班等，主要是适应社会发展快节奏的需要，更新、充实（俗称充电）原有的知识结构，提高学识水平，其目的之一是加速"机敏善识"素质的提高。"机敏善识"也应该是领导者、管理者、普通民众、青少年必不可少的必修课。另一方面，还要注重德操与才智培养的辩证关系。德操是才智的基础，没有良好的品德修为，聪明才智就没有基础，即便机敏也难成大器，它不仅是个人立身处世的必备素质，也对领导者更好的执政为民、对管理者对企事业的开拓与发展、对社会整体的素质教育具有潜在的意义。

目录

第一篇

机敏判断巧制胜

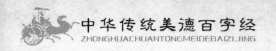

 贾诩机敏破操兵

◎机敏是一种能力，只能在实践中体现。——格言

> 贾诩（147—223），字文和。武威姑臧（今甘肃武威）人，三国时期魏国著名谋士，官至太尉，谥曰肃侯。

汉献帝刘协离开长安后，宣威将军贾诩就交回印绶，到华阴去投靠宁辑将军段煨。贾诩在海内很有名望，段煨的将士们都很仰慕他，段煨对他的礼遇也十分周到。可是，贾诩却暗中策划投奔建忠将军张绣，有人不解地问："段将军对足下如此优待，足下还要到哪里去？"

贾诩回答说："段煨性情多疑，嫉贤妒能，虽然现在对我礼遇周到，但早晚会反目成仇。我现在离开，他一定很高兴。张绣军中没有谋士，也愿意我去，我为什么不去呢？"果然，贾诩离去后，段煨很高兴，并善待贾诩的家属。

贾诩来到张绣军中，张绣对他十分敬重。东汉献帝建安三年（198年）三月，司空曹操率领大军包围穰城，再次进攻张绣。后来，曹操听说大将军袁绍准备乘虚袭击许昌，就赶紧撤军，回保许昌。

张绣见曹军撤退，立即率军追赶，贾诩劝阻说："不可追击，追则必败。"

张绣不听，结果大败而回。贾诩站在城墙上，对张绣大声喊："赶快再去追击，这次肯定获胜。"

张绣满面羞愧，向贾诩道歉说："刚才没听文和的话，被打得一败涂地，为什么还要再追？"

贾诩说:"兵势变化无常,赶快追击!"

张绣一向信服贾诩的话,就收拾残兵败将再去追击,果然大败曹军。张绣见到贾诩,不解地问:"我用精兵追击退军,文和说必败无疑;用败兵去追击胜军,文和却说必获全胜。结果都在文和的预料之中,是什么原因?"

贾诩微微一笑,说:"道理很简单。将军虽善于用兵,但不是曹操的对手。曹操刚退兵,必然亲自断后,将军去追一定会失败。曹操进攻将军,既没有指挥失当的地方,又没有耗尽力量,却突然撤退,一定是他的后方发生变故。他击败将军的追兵,就会率精兵轻装速进,而留下其他将领断后。这些将领不是将军的对手,所以将军率败兵去追,也一定会获胜。"

张绣连连点头称是,对贾诩更加敬服。

◎故事感慨

兵无常势,水无常形。贾诩机敏地抓住战机,看出曹操的有备和无备,一举击溃了曹操的后军,取得胜利。这段史实给后人以很大启迪,也丰富了中华民族的思想宝库。

◎史海撷英

贾诩智助曹操破马超

建安十六年(211),以骁将马超、韩遂为首的十部联军,聚集10余万人马据守潼关抗曹。马超受挫后,提出划河为界的议和条件,被曹操拒绝。马超多次前来挑战,曹操坚守不出,使马超欲急战速胜不得。九月,马超再次提出划地为界的要求,并送子为人质。贾诩认为可以表面上假意应允,麻痹对方,实际积极准备,伺机歼敌。曹操又问计于贾诩,贾诩说:"离之而已。"曹操用其计,利用过去与韩遂的友谊,故意在两军阵前和他叙旧;又故意涂改给韩遂的书信,使之落到马超手里,引起马超的疑忌,促使他们内部矛盾激化。曹操视时机成熟,主动对关中军发起进攻,大胜而归。

太守国渊妙查匿名人

◎机智，在于发现不同事物间的相似性及相似事物间
的差异。——名言

国渊（生卒年不详），字子尼，青州乐安盖县（今山东沂源东南）人，三国时期魏
国官吏，官至太仆。

三国时期，有人往魏国京城里投递匿名信，信中颠倒黑白，混淆是非，对魏国的朝政大肆诽谤。这封匿名信传到了曹操的手里，他看了十分恼火，一定要知道是谁写的，于是召来几个大臣，要他们议一议追查的办法。

魏国地盘很大，人口很多，要查清写匿名信的人是谁，如同在茫茫的大海里捞取绣花针，从哪儿下手呢？几个大臣议论来、议论去，有的主张遍地开花，通令全国一齐追查；有的提出漫天撒网，叫所有会写字的人各写一张字条，然后集中起来查对笔迹。这些办法，曹操都不满意，说是惊动太大，会造成人心不安。

怎么办呢？几个大臣正在为难，可巧京城太守到宫里有事，曹操就把匿名信递给他，要他出出主意。

京城太守名叫国渊，这人做事肯动脑筋，机灵得很。他接过匿名信，翻来覆去看上好多遍，心中有了数，对曹操说："主公，这个案子，不用惊动太多的人就能查清，请交给我办吧。"

曹操高兴地问："有把握吗？"

"有！"国渊说，"不过，追查之前，我有两个请求。"

曹操说："只要能把写匿名信的人查出来，别说两个请求，十个八个我也答应你。快讲吧！"

国渊说："一，这封匿名信，请让我暂时保存；二，匿名信的事儿，请您命令朝臣不要声张出去。"

曹操点点头，答应了。

国渊带着匿名信回到府衙，把下级官员召集在一起，指示说："咱们魏国的京城里，学识渊博的人很少，要注意培养人才。为此，我想选拔聪明的年轻人去拜师求学，希望你们赶快推荐。三日之内，要把书生选好送来，不得有误！"

下级官员怎敢怠慢。不到三天，就送来了一批年轻而又聪明的书生。国渊从中挑选了三个最机灵的，问道："你们读过《二京赋》吗？"

三个书生一齐摇头，都说没有读过。

国渊说："《二京赋》是一部知识广博的书，可惜被人们忽略了，你们要找到会讲这部书的人，向他学习。"

接着，国渊又把自己的破案意图告诉了三个书生，要他们严守机密，及时回报。

三个年轻人按照国渊的要求，在京城内外到处打听走访，说是想学《二京赋》，希望有人能够传授。被打听、走访的人见这几个书生积极求学，投师心切，都乐意给他们指点线索。张介绍李，李介绍王，王介绍赵，就像滚雪球似的，三个书生在热心的人们指点下，拜访了好些文人学士，终于找到两个会讲《二京赋》的人。

书生把情况报告给国渊，问下一步怎么办。国渊一面要求书生诚心诚意地向那二人学习知识；一面安排两个官员，叫他们装扮成不识字的土财主，分头去请那二人代写书信。

不久，两封书信拿回来了。国渊把书信和那匿名信摆在一块，笔笔划划都认真仔细地作了比较，发现其中一封信的笔迹和匿名信的笔迹丝毫不差，完全相同。于是，他马上派出公差，把这封信的书写者传到府衙。一审，匿名信果然是此人写的！

查清这个案情，只用了十多天的工夫，案子破得准、破得快。因此，不能不说国渊这个人机敏过人。然而，这其中的奥妙在哪儿呢？就在于国渊抓住了问题的要害。他在阅读匿名信的时候，发现信里有好多处引用了《二京赋》中的语句，就晓得书写者学识渊博，不是一般的读书人。有了目标，追查的网也就不用到处乱撒了。

◎故事感悟

太守国渊排除漫天撒网法，巧妙断案。该事例表明，对任何事情的处理都不要盲目进行，只有掌握了问题实质，抓住重点，才有可能获得解决问题的真谛，这也是一个人的智慧所在。

◎史海撷英

太仆

一种官名，始置于春秋。秦、汉沿袭，为九卿之一，掌皇帝的舆马和马政。王莽一度更名为太御，南北朝不常置。北齐始称太仆寺卿，历代沿置不革。清废。

◎文苑拾萃

《二京赋》

是张衡赋作中的代表。《二京赋》包括《西京赋》、《东京赋》两篇。其中二京，指汉的西京长安与东京洛阳。《二京赋》始草于汉和帝永元八年（96）张衡19岁时，完成于安帝永初元年（107）张衡30岁在南阳主簿的任上，可以说是他精思10年才完成的作品。

《二京赋》在结构谋篇方面完全模仿《两都赋》，以《西京赋》、《东京赋》构成上下篇。《西京赋》描写长安的奢华无度，《东京赋》描写洛阳的俭约之德、礼仪之盛，以为对比；歌颂东汉，是要他们汲取西汉的教训，悔而改之。这两篇赋的体制比班固的赋更宏大、更细致、更有特色。除了像它以前的此类赋一样，铺写东西南北所有以及宫室、动植物等等外，还写了许多民情风俗。

罗际买马破盗案

◎聪明人有时也很匆忙，但是决不仓促从事。——名人名言

罗际（生卒年不详），晋朝时人，曾任吴县县令，因治县严谨，深得民心。

晋朝时，罗际任吴县县令，治县严谨，颇得民心。

有一天，一个老人急匆匆地前来报案，他气喘吁吁地说：“大人，我的马昨天晚上被偷了。”罗际见老人急得满头大汗，不禁同情地问道：“老人家，你的马长得什么样子啊？”老人叹息着回答道：“唉，都怪我马虎，才让偷马贼钻了空子。那可是一匹好马呀！四岁口，个大脊宽，四蹄雪白，身上红得像火炭一样，跑得飞快，干起活来也非常卖力。”

“老人家，您晚上睡觉的时候就没有听到什么动静？”老人略一思忖，说：“我睡到半夜时分，突然听见一群马叫了一阵，听声音好像是马贩子赶着马从我村上经过，所以我就没有在意。”罗际问毕，计上心来，于是当下便胸有成竹地安慰老人说：“你回去吧，等马找到了，你再过来领马。”老人将信将疑，离开了县衙。

第二天，罗际就叫人在城门口贴出布告，上面写道：“本知县奉朝廷之命，出1000纹银买一匹个大脊宽、毛如火的四岁口的大马，望养此马者速来县衙面议。”百姓看了布告后，眼睛都睁得大大的，可都摇摇头走开了。他们寻思：平常人家，别说是好马，就是劣马也买不起呀。谁家要是有这样的马，可真是发了大财了！人们一时间议论纷纷，竞相宣传，不到半天时间，全城的人

7

都知道了。一些大户人家前前后后送来好几匹好马，但都和布告上所说的不同，没有办法只得无奈地牵走了。

罗际看到这种情况心想："我就不相信你这个盗马贼不来，这么多的银子你怎能不心动？"想到这，他便悠闲地喝起茶来。过了不久，果然有个马贩子模样的人探头探脑地送来一匹马，这匹马居然与布告上所说的马一模一样。罗际一看，非常激动，他想："这下好了，老人家的马终于找到了。"他虽然高兴异常，但脸上毫无喜色，只是对盗马贼说要去取银子，先稳住了马贩子，然后立即叫衙役把那老人请来。

那马一见到老人，两蹄高高腾空，鬃发竖起，张开大嘴就是一阵嘶鸣。它一下子挣开马贩子手中的缰绳，跑到老人的身边，还亲热地舔老人的手。老人高兴地说："就是这匹！就是这匹！大人，你可帮了我的大忙了！"马贩子这才大惊失色，方知是中了罗县令的计谋。

◎故事感悟

熙熙攘攘，皆为利往，罗县令深谙此理，机智地运用了这一人性的弱点抓住了偷马贼。从该案例可以得出一个结论，即挖掘盗马人贪财的本性，在关键的时刻为自己所用，立竿见影。

◎史海撷英

刘裕灭东晋

刘裕消灭若干异己后，为了名正言顺称帝，先后发动两次北伐。当时南燕慕容超屡屡入侵，409年刘裕率军伐南燕。于次年攻破南燕都城广固（今山东青州市），擒杀慕容超，南燕亡。而后因卢循叛乱，刘裕回师。后秦因为屡遭夏主赫连勃勃入侵，国势大衰，幼主姚泓初立。416年十二月淝水之战刘裕再度北伐，连克许昌、洛阳。隔年，刘裕兵分两路围攻关中，最后攻破长安，后秦亡。但该年冬天，留守京师的刘穆之突然去世，为免朝廷生变，刘裕不得不亲返。他命其幼子刘义真同王镇恶、沈田子等诸将防守长安，后来诸将内讧，夏主赫连勃勃率军攻击。417年冬，刘裕命刘义真等将领率军东归，遭夏军追击，元气大伤，至此北伐结束。关中失守后，刘裕开始积极谋取帝位。同年，刘裕杀晋安帝，立其弟德文，为晋恭帝。420年，刘裕废晋恭帝自立，建国宋，史称南朝宋，是为宋武帝，东晋至此灭亡。439年，北魏统一华北后，至此进入南北朝时期。

◎文苑拾萃

房兵曹胡马

（唐）杜甫

胡马大宛名，锋棱瘦骨成。

竹批双耳峻，风入四蹄轻。

所向无空阔，真堪托此生。

骁腾有如此，万里可横行。

庞振坤机智断案

◎评价一个人不单纯根据他的才能，还应当根据他怎样善于发挥才能。——名人名言

> 庞振坤（生卒年不详），生活于明末清初，河南邓州人。庞振坤才华横溢，有"中州才子"之誉。他秉性耿直，愤世嫉俗，常以嘲弄官宦、鞭挞豪强为乐事。

庞振坤机智聪明，爱打抱不平，远近闻名。

一天，庞振坤正在城里走着，见十字街头有一群人围看，里面传出一片喧闹声。挤进去一看，见一个瞎子正和一个农民争夺一匹白布。瞎子呼喊道："大家快给我做主吧！刚才我骑了他一会儿驴子，他欺侮我眼瞎，要抢我的布！"农民也喊道："我见你眼睛不好，就让你骑我的驴，没想到你反倒要讹我的布，你还有没有良心！"

这时，州官的轿子路过，州官问瞎子道："你说这布是你的，可有什么凭证？"瞎子说："大人，我这布一共三丈三尺长，一尺半的门面。"州官令人一丈量，果然不错。州官又问那农民有什么证据，农民说："大人，这布是小人向邻家借的，卖了为老母治病的，没丈量过。"州官喝道："哪有借布不量的？来人，给我拿下，重打四十！"

农民连声喊冤。这时庞振坤听人议论说："那农民人称王憨，向来忠厚老实，哪会白日行劫？"另一个说："那瞎子素来刁奸，今日之事恐怕有诈。"庞振坤想了想，来到瞎子面前指着白布说："哎呀，这块蓝布染得可真不错。"瞎子忙说："俺孩子他舅是个染匠，还能染得不好？"众人顿时大笑起来。州

官马上将瞎子拿下，重打了四十大板。瞎子招供：原来刚才他骑农民的毛驴时，暗暗用手摸着布丈量了一遍。要不是庞振坤一句妙言，邓州岂不添上一桩冤案吗？

几个月后的一天，有一个素不相识的老太太来找庞振坤。这老太太是个寡妇，有两个儿子。大儿子王憨，就是上回庞振坤搭救的那个农民；小儿子阿二当了和尚。不幸的是，老太太的病刚好转，大儿子却突然得了急病而亡。老太太只得到庙里求当家和尚，让她小儿子还俗返家，那老和尚坚决不允。老太太告官也没有如愿，只好来请庞振坤帮忙。庞振坤十分同情，提笔帮她写了一张状纸，正文只有十几个字。老太太想："以前那状纸写了满满10大张，都没能打赢官司，这么几个字怎么行呢？"庞振坤笑笑说："老人家，胶多不黏，糖多不甜。字虽少，但句句在理。从上次你大儿子的案子来看，那州官有错能纠，还是通情达理的，你去吧。"且说那州官接过老太太递上的状纸，见上面这样写道："和尚有再收之徒，寡妇无再生之子。"言简意赅，合情合理。州官当堂传来那当家和尚，叫他准许这老太太的儿子还俗，然后重收一个徒弟。

◎故事感悟

在争议中冷静，在冷静中找寻对策，这是机智敏捷的典型之一。值得赞赏的是，庞振坤能因事因人制宜，足智多谋，这是我们需要借鉴并引以思考的地方。

◎史海撷英

庞振坤智斗邓州知州

庞振坤才智过人，颇有心计，官府拿他也无可奈何。邓州知州汤似慈爱财如命，巧取豪夺。一次，他准备利用过50岁生日之机再捞一把。地方豪绅闻讯后，为讨知州大人的欢心，便向百姓强行摊派，闹得乌烟瘴气，民怨鼎沸。庞振坤见此情景，怒不可遏，撰书一联作为寿礼送上，联云：似者，像也，像虎像貌像豺

狼，不像州主；慈者，爱也，爱金爱银爱钱财，不爱黎民。联句俗如白话，利似刀锋，横批又将贪官名姓嵌入，狠狠地扼杀了他的嚣张气焰，汤似慈见状差点气死。

◎文苑拾萃

河南邓州台湾村

邓州市张村镇上营村是远近闻名的"台湾村"，全村2300多人，约60％为台湾高山族后裔，已经在此居住了300多年。邓州"台湾村"聚居台湾同胞数量之多、历史之久，在祖国大陆绝无仅有。

机智的王允之

◎如果你追踪机智，结果却会抓住愚蠢。——格言

> 王允之（303—342），字深猷。琅琊临沂（今山东临沂）人。丞相王导从弟王舒的儿子，仕东晋。王允之曾为钱唐令、领司盐都尉、宣城内史、建武将军、西中郎将、南中郎将、江州刺史、卫将军、会稽内史，封番禺县侯，卒年40岁，谥曰忠。

　　晋代的大将军王敦，为人十分残忍。他曾娶襄城公主为妻，当上了驸马都尉，后来当大将军，掌握了兵权。随着权力的增大，王敦更加作威作福，甚至还要篡夺帝位。

　　王敦有一个叔伯侄儿，名叫王允之。王敦很喜欢他，常把他带在身边，外出同坐一辆车，晚上同睡在一起。

　　一天，王敦饮酒至夜晚，王允之已早早地上床去睡了。王敦又喝了一阵酒，就与部将钱风策划叛乱的事。王允之睡醒一觉以后，听到了他们的阴谋。王允之恐怕王敦怀疑自己，王允之便将食指伸进口内，压住小舌，一阵恶心之后，便呕吐起来，将衣服、被子都弄脏了。

　　王敦与钱风策划完毕，王敦忽然想起王允之还睡在自己的床上，他猛然想道："糟了，如果被他听见，岂不误了我们的大事？恐怕连脑袋也保不住！"他心一横，就决定杀人灭口。

　　于是，王敦取下墙上挂着的刀，一手拿着刀，一手举着烛，悄悄地走到床边。当他掀开帐子一看，只见王允之蒙头大睡。王敦又轻轻揭开被子，只

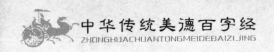
听得"鼾声"阵阵，吐出来的污物遍床。王敦以为他真的睡得很死，才放下心来，不再怀疑。

当时，王允之的父亲王舒刚刚被任命为廷尉，掌握司法。王允之请求回家探望，王敦准许他去了。

到了京城，王允之见了王舒，就把王敦与钱凤阴谋叛乱的事告诉了他，王舒很快将这件事禀告了明帝。明帝与大臣们做好准备，才使王敦的阴谋没有得逞。

王允之当时还只是一个儿童，竟瞒过了残暴狡猾的王敦，保全了自己，也保全了国家。

◎故事感悟

在知道自己处于危险境地时，要想化险为夷，就要靠机敏和智慧了。睡醒后的王允之自知危险后，因势利导，佯装昏睡不醒，反映出他小小的年纪便能利用当时的有利条件保护自己，同时也反映出他对别人的判断能力，如果他忽视了其中一点，恐怕就难逃厄运了。推而广之，当面对类似事件的时候，我们该如何应急呢？值得我们深思。

◎史海撷英

驸马都尉

古代官职之一。汉武帝时始置驸马都尉，"驸"，即副。驸马都尉，掌副车之马。到三国时期，魏国的何晏以帝婿的身份授官驸马都尉，以后又有晋代杜预娶晋宣帝之女安陆公主，王济娶司马昭（晋文帝）之女常山公主，都授驸马都尉。魏晋以后，帝婿照例都加驸马都尉称号，简称驸马，非实官。以后驸马即用以称帝婿。清代称额驸。

◎文苑拾萃

念奴娇·登多景楼

（宋）陈亮

危楼还望，叹此意、今古几人曾会？鬼设神施，浑认作、天限南疆北界。一水横陈，连岗三面，做出争雄势。六朝何事，只成门户私计？

因笑王谢诸人，登高怀远，也学英雄涕。凭却长江，管不到，河洛腥膻无际。正好长驱，不须反顾，寻取中流誓。小儿破贼，势成宁问强对！

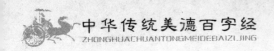

十三郎智擒巨盗

◎如果没有机遇的合作，就不会产生任何难得的妙言隽语。所以机智和勇敢应该满足于同幸运分享它的荣光。——名言

王韶（1030—1081），字子纯，江州德安（今属江西）人，北宋名将，嘉祐进士。王韶足智多谋，富于韬略，初任新安主簿，后为建昌军司理参军。熙宁元年（1068），王韶上《平戎策》，提出收复河（今甘肃临夏）、湟（今青海乐都南）等地，招抚沿边羌族，孤立西夏的方略，为宋神宗所纳，被命为秦凤路经略司机宜文字。熙宁四年八月，王韶主洮、河安抚司事。

北宋神宗年间，江州人王韶在朝为官，位列公侯，全家住在京城内。王韶有个小儿子，排行第十三，人称十三郎。别看这孩子只有5岁多，却聪明乖觉，招人喜爱。

一年正月十五晚上，京城里家家户户都点起各色奇巧的花灯。王韶一家老老少少，一个个都打扮得漂漂亮亮，来街上观灯。十三郎的穿戴更是不凡，仅头上那顶帽子就值一千来贯钱。王韶嘱咐家人王吉，把十三郎驮在背上，随大家一起去观灯。

王家一行人边走边看，不觉来到宣德门前，恰好神宗皇帝也在这里看灯。王吉随着人流拥入人丛之中，因肩上驮着十三郎，不便观看，挨挨挤挤，很不得意。忽然他觉得背上轻松了许多，一时忘其所以，伸伸腰，抬抬头，呆呆地向上看着。正看得起劲，他猛然惊觉，急回头看时，背上没了十三郎。这一惊非同小可，王吉顿时冷汗直冒，连忙四下望去，到处呼喊，仍然不见十三郎的影子……

　　原来，十三郎在王吉背上，正在看灯之际，忽然有人挨近到王吉身旁，轻轻伸手将他接去，仍旧一般驮着。十三郎贪着看灯，也没觉出来。只见那个人在人丛中乱挤着向外边急走，十三郎大声喊："王吉，到哪儿去呀！"他定睛一看，哪里是王吉，衣帽装束都另一个样子了。十三郎年纪虽小，心里却十分明白，他知道是被人拐了。他想声张，左右却不见一个熟人，心里思量："此人一定是贪我头上的珠帽，如被他抢去，就很难找回来了。"于是就把帽子摘下来，揣在了袖中。十三郎在那人背上也不言语，也不声张，就像什么也不知道似的，任那人驮着往前走。当走到东华门时，十三郎看见四五乘官轿过来，心想：这定是官员之轿，我要叫唤才行。待轿子走近，十三郎大呼："有贼！救人！救人！"

　　这一喊不要紧，那人吃了一惊，恐怕被人抓住，连忙把十三郎扔在地上，脱身便跑。轿中人听见孩子呼救，推开帘子一看，见是一个青头白脸的小孩子，忙叫住轿，命人抱过来，细问来历，十三郎一一回答了。轿中人见他说话明白，心里很高兴，摸着他的头说："乖孩子，你不要怕，随我去。"说着，双手抱起十三郎，一直进了东华门，入宫去了。

　　原来，轿中人是宫中管事的中大人，因皇帝观灯已毕，先同几位官员回宫中排宴，不期遇到了十三郎。中大人吩咐从人，将小孩安置了住处。

　　第二天早朝毕后，中大人启奏神宗皇帝："臣等昨夜赏灯回来，拾到一个失落的孩子，不知是谁家之子，请圣上定夺。"

　　神宗听后命把孩子带来。十三郎进来后，神宗见他长得聪明伶俐，忙问："你是谁家之子？可晓得你姓什么吗？"

　　十三郎大声答道："孩儿姓王，是大臣王韶的小儿子。"

　　神宗见他说出话来声音清朗，且言语有礼，更加惊异，便一一问了他失落的原因，十三郎对答如流。神宗说："朕想送你回家，只可惜无处找那个作案的人。"

　　十三郎答道："陛下要查此人，一点不难。"

　　神宗惊喜地问他："你有何见识，可以擒获此人？"

　　十三郎说："昨晚我被那人拐走，知此人必是贪我头上的珠帽，就将帽子

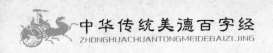
摘下。见那帽顶上有母亲为避邪的绣针彩线，就悄悄地在那人的衣领上缝线一道，并把针插在衣内，作为寻找的暗号，陛下只要令人按此密查就可以了。"

神宗听后大喜，道："小小年纪，竟如此机敏，真是神童啊！等我擒到此贼，再送你回去。"

于是，神宗立即下旨捕贼破案。

再说那晚这个贼人是有名的大盗，他的确看中了十三郎的珠帽，不曾想物没到手，还险些被抓。他越想越生气，气自己连一个小孩都没对付了，更不晓得自己的衣领上已被人做了记号。

这一天，这个大盗约几个同伙在一个酒店里畅饮。一个叫李云的公人暗查到这里，他装着等着吃酒饭的，侧眼把这伙人挨个细瞧，果然见一个人衣领上挂着一寸来长的彩线头。李云知道此人定是作案的贼人，忙到外面唤来七八个公人，一起将这几个人捆了起来。

众贼被押到开封府，可他们不肯招认。审讯的官人拿起衣领针线问那贼人："你身上如何有了这些东西？"那贼人信口支吾。官人说："你可记得元宵夜那个小孩子吗？你身上有了他的暗记，你还要抵赖吗？"

贼人一听，方知被小孩暗算了，只得一一招认。

神宗皇帝听说此事后，笑道："果然不出小孩子所算。"随后，神宗皇帝命人赶忙将十三郎送回家中去。

自从丢失了十三郎，王韶府内个个哭哭啼啼。这一日，忽然见宫中来人将十三郎送回来了，不知是怎么回事。等问清了缘由，个个欢喜不尽，齐赞十三郎聪明机敏。

十三郎的事迹，后被凌濛初改编成小说选入《二刻拍案惊奇》。

◎故事感悟

急中生智，就是在危急的时候猛然想出办法。从这一点上看，十三郎的机智实在令人惊叹。在大盗衣领上做标记及他的脱险，都说明他有急而不乱、急中生智的灵活头脑。在日常生活中，一个人难免会遭遇意外，而十三郎则为我们上了生动的一课。

◎史海撷英

北宋名将王韶经略熙河

王韶是北宋名将，被朝廷委派为秦凤路经略安抚司主管机宜文字。到熙宁三年（1070），王安石又要他负责秦州西路关于招抚吐蕃诸部，创设市易司，募人营田等一系列事项。从此，王韶也就正式担负起了收复河湟的任务。

熙宁四年（1071）春夏间，王韶首先招抚了青唐地区一个最大的吐蕃部落，其部落酋豪俞龙珂"率所属十二万口内附"。宋神宗为其赐名包顺，使其世守岷州（在今甘肃岷县）。在此影响下，附近一些较小的部落相继归附北宋的又有近20万口。北宋所辖疆土，因此而拓展了1200里。

熙宁五年（1072）五月，宋筑古渭寨为通远军（今甘肃陇西县），任命王韶为知军事。王韶到任以后，积极操练军队，准备进军。七月，王韶在渭源堡（在今甘肃渭源县城）和乞神坪（在今渭源西南）筑城，进兵至抹邦山，与吐蕃蒙罗角、抹耳和水巴等族对垒。宋军居高临下，吐蕃兵士翻上宋营，王韶身先士卒，指挥宋军奋勇迎击，大败蕃兵，焚其庐帐，洮西震动。吐蕃首领木征渡过洮河来援，吐蕃余众复集。王韶命令别将在竹牛岭（在今甘肃渭源县至临洮县间）南虚张声势，自己亲率一支军队奇袭武胜军，建为镇洮军。不久，王韶又打败木征亲军，招抚其部落20余帐。十月，北宋政府改镇洮军为熙州（今甘肃临洮县），并以熙、河、洮、岷州、通远军为一路，任命王韶为经略安抚使，兼知熙州。

熙宁六年（1073），王韶一举攻克河州，攻占诃诺木藏城和香子城（在今甘肃和政县），八月，穿越露骨山，南入洮州境内。木征乘王韶行军作战的机会，再次入据河州，并亲率人马追击宋军。王韶不畏艰险，奋力作战，打败了木征，再次平定了河州叛乱。九月，吐蕃岷州首领木征听到河州已定，遂主动举城归宋。宕（今甘肃宕昌）、洮（今甘肃临洮）、叠（今甘肃甘南迭部一带）三州的吐蕃部落也相继归附。此次出征，王韶前后行军54天，跋涉1800里路，平定五州之地，招抚吐蕃诸部无数。自宕州临江寨北达安乡关，幅员2000里，包括熙、河、洮、岷、叠、宕六州之地全被北宋收复，恢复了安史之乱前由中原王朝控制这一带地区的局面。王韶取得的胜利，是北宋王朝在结束了十国割据局面之后，80年来所

取得的一次最大的军事胜利。这次胜利，在一定程度上打破了弥漫于北宋王朝的因循苟安、逸豫懈怠的政治空气，为改革派赢得了极大的政治声誉。王韶也因此而升任左谏议大夫、端明殿学士。

◎文苑拾萃

永裕陵

永裕陵是北宋第六代皇帝赵顼的陵墓（1085年建造），位于今河南巩县。该陵石刻是宋陵晚期造型的代表，造型技法比较成熟。

该墓呈"覆斗形"，底边略为正方，每边60米左右，高约18米。原来上下有两层台阶，底层原用砖石围砌，上层密植松柏长绿植株，陵上这些设置现已无存。现在的永裕陵，在高高的陵台上只有丛生的荆棘和参差的乱草。陵前石雕像还存有17件，是晚期宋陵石刻的代表作品，造型生动，技法纯熟、流畅。南神门外的石狮，雕刻得刚健、浑厚，生气勃勃。

钱勰机敏办公事

◎机敏以博识为前提。——格言

钱勰（1034—1097）字穆父，杭州人。吴越武肃王六世孙。积官至朝议大夫，熏上柱国，爵会稽郡开国侯。文章雄深雅健。作诗清新遒丽。工书，正书师欧阳询，草书造王献之阃域。尝自爱重，未尝轻以与人。卒年六十四岁。

元祐（1086—1093）初年，钱勰升任给事中，以龙图阁待制身份任开封府知府。那些老官吏害怕他的聪敏，要用繁琐的事务来困扰他，叫一些人投来诉讼状子达七百份之多。钱勰马上处理，选出那些诉讼不合理的，封起来作以标记，告诉起诉的人不要再来。过了一月，钱勰在堂上审理诉讼时，一个人又来起诉，钱勰叫过他来问他："我已经告诉你不要再来了，怎能再来欺骗我呢？"那个人撒谎说："没有啊。"钱勰说："你上次的诉状说如何如何，我用某字作了标记。"顺手把上次封好的标记拿给他看，确实如此，上下的人都非常吃惊。

皇帝宗室和贵戚都因此有所收敛，即使丞相府的门吏来府中求请，钱勰照样严加处置。渐渐地钱勰被众人所怨恨，因而出任越州（今浙江绍兴）郡守，又迁任瀛州（今河北河间）。后又召回京城任工部、户部侍郎，升任尚书，加封龙图阁直学士，又任开封知府，处理政事更加精当。苏轼趁着他在伏案工作时赠给他诗，钱勰拿起笔来马上写好诗答他。苏轼叹道："像闪电一样扫清诉状，像回声一样还答诗章，近年来从没有见到能这样的。"

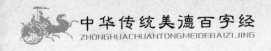

◎故事感悟

钱勰的机敏是以博学多才为基础的。俗话说：台上三分钟，台下十年功。没有平时的积累，只凭小聪明，是无论如何也成不了大事的。

◎史海撷英

县令捕蝗

钱勰担任如皋的县令，适逢当地爆发蝗虫引起的旱灾，而泰兴的县令却欺骗郡的长官说："当地没有蝗虫。"不久，蝗虫成灾，郡长官责问，泰兴的管县无话可说，说当地的蝗虫大概是从如皋飞来的。于是下公文给如皋的县官要求捕捉蝗虫，不能让它侵害邻近的地区。钱勰拿到公文，就在对方公文的末了写了首诗回复他："蝗虫原本天灾，即非县令不才。既自本县飞去，却请贵县押来。"

◎文苑拾萃

成都诗

（宋）钱勰

武侯千载有馀灵，磐石刀痕尚未平。
巴妇自饶丹穴富，汉庭还负碧砮征。
雨经蜀市应和酒，琴到临邛别寄情。
知有忠臣能叱驭，不论云栈更峥嵘。

慕容彦当铺破案

◎机敏是一个不喜欢拜访懒汉的客人。——格言

慕容彦（生卒年不详），五代后汉时人。曾任郓州主帅。

　　五代后汉时，郓州主帅慕容彦机智过人，以善捕盗贼而著称。

　　当时，郓州城内有一家规模较大的当铺，生意很兴隆，信誉也非常好。一天中午，太阳炙烤着大地，人们都躲在树荫下乘凉，街上的行人非常少。当铺里伙计见没有什么客人，天气又是如此炎热，便熬不住瞌睡，昏昏欲睡。正在迷迷糊糊之间，只听得铺外传来一阵脚步声。伙计睁眼一看，走进来的是一位衣着华丽的青年，他从衣兜里取出明晃晃的两锭大银道："在下因急需现钱，不知你这里是否可以暂典兑付，过不了几天我就前来赎回。"

　　伙计一瞧那两锭大银，就吓了一跳。乖乖，好分量，真是见所未见、闻所未闻。他估摸一下，起码能当10万钱。这么大的数目他不敢擅自做主，便招呼老板出来定夺。老板问明缘由，便欣然应允。他命伙计将两锭大银当即过秤，两锭大银价值20万钱，开出当票后，兑付了10万钱。青年拿了钱后说声谢谢就走了，临走之前还留下话说，不出10天就来赎银。

　　青年走后，老板非常高兴，认为这笔生意很合算。回到后房跟老板娘一讲，老板娘就好奇地到店里拿银子来看。没想到老板娘在看的时候一不小心竟将一锭银子掉在了地上。等她再捡起来一看，顿时吓得目瞪口呆，只见那

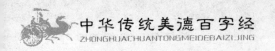
银子表面脱落了一块，里面黑乎乎的根本就不是银子。老板见状，大吃一惊，立即前往官府报案。

慕容彦听完当铺老板的叙述后，便对老板如此这般地交待了一番。不过片刻，郓城街头就出现了一张张的布告。布告上说：某当铺因遇到了盗贼，很多值钱的抵押品都被抢走，请各界人士协助捕盗，发现可疑迹象立即告官。

几天之后，持假银骗典的那个青年又出现在当铺内，他取出当票就要求赎取两锭大银。伙计见此，立即高呼擒拿骗子，众人一起上前把他擒到官府，不消片刻的工夫，他就认罪伏法了。原来，他曾经用这种方法先后在各地作案数起，这次在郓城诈骗竟然也获成功。当他从街头看见布告，得知那家当铺被盗的消息后，心中大喜，认为可趁此机会再敲诈一笔钱财。因为假银被盗，无证可对，当票上写明原价20万钱，而他只兑付了10万钱，另外10万钱不怕当铺不赔。他的如意算盘打得很好，没想到竟中了慕容彦的计谋，自投罗网。

◎故事感悟

贪欲是人类普遍的通病。在这个故事中，慕容彦抓住了人性中的这一弱点，从而达到了短时间内抓获罪犯的目的，其机敏能力令人慨叹。

◎史海撷英

郓州

隋开皇十年（590）置郓州，隋大业二年（606）改郓州为东平郡。唐武德五年（622），置郓州为总管府，统、濮、兖、戴、曹五州，共30县。唐武德七年总管府改为都督府。唐贞观元年（627）撤府。唐乾元元年（758）复为郓州。北宋宣和元年（1119），改郓州为东平府。至此不复置郓州。故址在今山东郓城县。

◎文苑拾萃

《花间集》

　　《花间集》是我国五代十国时期编纂的一部词集，也是我国文学史上的第一部词集，由后蜀人赵崇祚编辑。本书收录了温庭筠、韦庄等18位花间词派诗人的经典作品，集中而典型地反映了我国早期词史上文人词创作的主体取向、审美情趣、体貌风格和艺术成就。

张允济蒙面讨牛

◎光有机敏是不够的，还要善于运用它。——谚语

张允济（生卒年不详），唐朝官员。青州北海（治今潍城）人。隋大业中为武阳令，甚有政绩。贞观初，累迁刑部侍郎，封武城县男，擢幽州刺史，不久卒。

唐代武阳县令张允济，一向以善于断案而为百姓所称道。

一天，张允济正在衙门里审阅公文，忽然听到县衙外有"咚咚"的击鼓声，他知道是有人告状，于是当即就让衙役传呼来人上堂。告状人是个农民，见了张允济就"扑通"一声跪在地上，连声呼道："青天大老爷，你可要帮我讨还我的黄牛啊！"

"这到底是怎么回事啊，还请速速道来。"张允济疑惑地问。这个农民一把鼻涕一把泪地对他说："大老爷有所不知，我去年曾到岳父家帮忙耕地。去的时候带着一头母牛，谁料刚耕过田地不久，母牛就生养了几头小牛犊。岳父家见了非常眼红，就想把牛留下。因为我家穷得很，而岳父家却有百万家财，所以我就没有同意。等到我要告辞回家的时候，岳父硬扣下了我的母牛和牛犊，还说：'空口无凭，你凭什么说这些牛就是你的？'我心想，没有了黄牛，我拿什么耕地，我以后的日子可怎么过啊？所以我非常生气，就想请县令大人给我做主。"

张允济听罢农民的申诉，对他颇为同情，眨眼间就心生一计。他当即让差役将这个农民五花大绑，又用黑布将他的头脸包好，然后吩咐道："你不要

乱说乱动，一切听从我们的安排，本官自会将牛儿悉数交还于你。"接着，张允济就坐上官轿，带着农民和差役直奔那农民的岳父家。到了农民的岳父家门口，差役们高声传唤道："县太爷到，家里人速速出来迎接！"

岳父在屋内听到传唤声，吃了一惊，连忙整理了一下衣冠跑出大门迎接。张允济掀开轿帘，对他的岳父说道："本官刚刚捉到了一个偷牛贼，请你将家里的牛全部赶出来，以便查核它们的来历。"那岳父看着那个蒙面盖脸的偷牛贼，吓得魂飞魄散，他生怕自己给牵连到偷牛案件里去，连连向张允济磕头，还拍着胸脯，指天发誓道："大人，我们家里的牛都是自己养的，决不是偷窃的，这个偷牛贼和我可没有任何关系！"张允济追问道："喔！既然你的牛不是偷的，又是从哪里来的？"那岳父赶紧回答道："其实，这牛是我女婿家的，母牛是他前些时候帮我耕地时带来的，而牛犊则是后来在我家生养的。"

张允济听了便断喝道："还不快把偷牛贼的蒙头布撕开！"差役听令立即揭开了农民头上的黑布。岳父见状大惊，刚要狡辩，便听得张允济冷笑道："既然你已经承认牛儿是你女婿家的，那就把它们统统还给他吧。"岳父没有办法，只得乖乖地吩咐家人将牛儿们赶出牛圈，交还女婿。

◎故事感悟

张允济没有正面与农民的岳父交涉，而是机智地运用了一个计谋，一举达到了物归原主的目的。在日常生活中，我们经常会遇到这样相近的事例，这就需要首先要理清事情的原委，然后动脑筋，争取以最简便的方法取胜。

◎史海撷英

武阳县

公元前316年秦灭蜀后，设置郡县，置武阳县（县治地在今四川彭山县江口镇平茯村），属蜀郡。《扬雄蜀记》"秦惠王遣张仪、司马错伐蜀，蜀王开明拒战不利，退走武阳，获之"，即此。南朝梁武帝天监四年（505），改置灵石县（约今

彭山县境）。大同十年（544），改灵石县为犍为县（一说为江阳县），属江阳郡。西魏废帝元钦二年（553），撤犍为县置隆山县（约今彭山、新津两县地）。县治地由岷江东岸迁到岷江西岸（今彭山县凤鸣镇），属江州。历北周至隋，县名无变动。唐玄宗先天元年（712），因犯李隆基讳，改名彭山县（以境内彭女山为名），属眉州。

◎文苑拾萃

晚次乐乡县

（唐）陈子昂

故乡杳无际，日暮且孤征。

川原迷旧国，道路入边城。

野戍荒烟断，深山古木平。

如何此时恨，嗷嗷夜猿鸣。

王戎早慧

◎仅仅拥有机智是不够的，你还必须拥有足够的机智
来使自己避免拥有太多的机智。——名言

王戎（234—305），字濬冲。琅琊临沂人（今山东临沂北）。西晋大臣，官至司徒、封安丰县侯。出身魏晋高门琅琊王氏，魏幽州刺史王雄之孙，晋凉州刺史王浑之子。"竹林七贤"之一。

晋代的王戎，小时候就很有见识。他7岁的时候，有一天与一群小孩在游玩。玩了半天，大家都觉得累了，口干舌燥，想找水喝。突然，有一个小朋友发现路边有一棵李子树，树上结满了李子。大家一听说，就争先恐后一窝蜂地向李子树跑去，生怕去迟了摘不着似的。

只有王戎不去。有个小孩十分奇怪，他问王戎为什么不去。王戎说："等会儿你就知道了。"那个小孩没有听他的，也跑着去了。

大家先后跑到李子树下，只见树上果实累累，黄生生的，十分爱人。他们有的爬到树上摘，有的把树枝坠下来按在地上摘。年纪小个子矮的小孩不会爬树，在地上又够不着摘，就叫在树上的小孩摇，然后捡落下地来的。直到树上的李子一个不剩，他们才罢休。

摘完李子，他们高高兴兴地坐在树下吃起来。谁知，这个咬一口，连忙吐出来，还用手捂着下巴；那个咬一口，也吃不下去。

原来，这李子又苦又涩，简直不能入口。吃一个是苦的，连捡几个吃，也是苦的。咬多了，口中难受，大家都不断地吐口水。

这时，王戎慢慢悠悠地信步走来，问大家："怎么样，好吃吗？"

有人说："好吃极了，来，给你尝尝。"说着就递一个给他。

王戎没有去接，有个小孩硬塞在他的手里。王戎把李子扔在地上，说："不吃，我也知道它的滋味。"

送李子给王戎的那个小孩说："你怎么知道这李子是苦的？过去你吃过？"

王戎说："我从来不知道这里有棵李子树，更没有吃过。不过你们也不动脑筋想想，长在路边的李子树，结了这样多的李子，而没有人去摘吃，必定是棵苦李子。如果是好吃的，早被过路的人摘吃完了，还等得到你们？"

小孩们听后，都很佩服王戎的见识。

◎故事感悟

王戎见微识著，透过现象看本质。事实上，这也正是我们所需要学习的，要使自己思考问题时少犯错误，就必须遵循它。当然，要获得正确的结论，还必须具有丰富的科学知识。

◎史海撷英

王戎选官

王戎仰慕古人蘧伯玉，看到天下将乱，于是"与时舒卷"，不以世事名节为意，甚至故意败坏声名以求自保。史载，王戎"性简要，不治仪望，自遇甚薄，而产业过丰，论者以为台辅之望不重"。在吏部任上，王戎依门第高低铨选官吏，"户调门选"，任司徒时，王戎把政事交给僚属办理，自己常骑着小马从便门出游。虽然地位尊贵，但王戎总是独自出行，巡视田园地产时，以手巾插腰，不带随从。王戎的很多门生故吏也做了大官，在路上遇到王戎只好"下道避之"。元康九年，愍怀太子司马遹被废，王戎也没有一言劝谏。

◎文苑拾萃

"王戎死孝"典故

　　王戎死孝出自于《世说新语》。死孝，指过分悲哀，几近于死的孝行。

　　一次，王戎与和峤同时遭遇大丧。二人都以孝著称，此时王戎瘦得皮包骨头，几乎支撑不住自己的身体；和峤则哀号哭泣，一切都合乎丧葬的礼仪。晋武帝（司马炎）对刘仲雄（刘毅）说："你常去看望王戎、和峤吗？我听说和峤悲伤过度，这让人很担心。"刘仲雄回答道："和峤虽然极尽礼数，但精神元气并没有受损；王戎虽然没拘守礼法，却因为哀伤过度已经形销骨立了。所以我认为和峤是尽孝道而不毁生，王戎却是以死去尽孝道。陛下您不必去担心和峤，而应该去为王戎担心呀。"

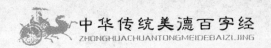
钱六姐巧断母子案

◎智而好谋者必成。——《太平御览》

钱梅窗（生卒年不详），明代湖北咸宁人。

明代湖北咸宁钱家湾有个巧女叫钱梅窗，因她排行第六，大家都叫她钱六姐。

有一天，一个知县坐着官轿路过某村，被人挡住了去路。知县撩起轿帘，见是一个老妇人拉着一个年轻人跪在面前，知道是有冤情，于是忙下轿询问起原来。老妇人凄苦地说："他是我的亲生儿子。他爹爹死得早，是我含辛茹苦把他拉扯成人。可是这几年他被人带坏了，整天赌博，把一个好端端的家弄得家徒四壁的。这还不算，他竟然偷盗起我的陪嫁，最后，我的嫁妆也被他偷光了。现在，他又不肯抚养我，这可叫我怎么活呀！"

知县一听大怒道："真是个逆子，我定要治他个不孝之罪！"说罢，立即判他儿子每月供养母亲3斗米，20年就是72石，要他一次性交清。那个年轻人连连向知县磕头求饶道："大人，小人实在拿不出这么多米呀！""既然拿不出，那也好，那就让我把你这个不孝子送进监狱好了！"在人群中的钱六姐把这一切都看在眼里，她既恨这个后生不行正道，又担心他吃了官司。如果后生真被判了刑，那老母亲又有谁来赡养呢？

钱六姐突然灵机一动，有了办法。她缓缓地走到知县面前求情道："我说知县大人，这72石米对于这个后生来说也实在太多了，能不能少一些啊？""你是何人？与这无赖是什么关系？为什么要替这个不孝之子说情？"

知县怒气冲冲地责问道。"民女不足大人挂齿，我是钱六姐。"她在威风凛凛的知县面前毫无胆怯之意，不卑不亢地说。

知县早就听说钱六姐是个才女，就故意难为她说："如果你是我的话，你说应该怎么办才好呢？""这好办。"钱六姐胸有成竹地回答道。只见她转过身向老妇人问道："老妈妈，你儿子刚生下来的时候，有多重呀？""六斤四两。"老妇人怔怔地望着这位灵秀漂亮的姑娘，一时摸不清她的用意。钱六姐不慌不忙地吟道："儿子本是娘身肉，十月怀胎娘生育。如今儿子不养母，割他六斤四两肉。"知县听了点头称好，吩咐衙役赶快备刀，割他六斤四两肉赔娘，以治他不孝之罪。

快刀磨好之后，衙役立即如饿虎扑食般把那后生拿下，三下五除二就剥下了衣服，正要动刀割肉。那不孝子吓得连连磕头："老爷，我这身上的肉，割哪块疼哪块，万万割不得呀！"可是知县令已发出，哪肯轻易收回？那后生眼见这割肉之苦无法避免了，只得向老母磕头呼喊："母亲救救孩儿！母亲救救孩儿！"老妇人见儿子已经回心转意，处罚太重，做母亲的也心疼，就向知县求情道："既然我儿答应养我，老妇也就不告他了。"

知县见老妇人撤了诉，老妇人的儿子也表示悔改，便不再较真，摆摆手让母子俩离开。那后生急忙扶起母亲就走，刚走几步，忽然想到免除这巨额大米和割肉之苦的恩人，急忙回头去找钱六姐，可是，钱六姐早已不知去向。

◎故事感悟

中国历代有名气的人物多半都是智勇双全，有智无勇不行，有勇无智更难取胜。钱六姐以其聪慧的才智调解了这场纠纷。她凭借自己的机智，看穿了为人母的用心，进而使得事情得以圆满解决。

◎史海撷英

湖北省咸宁市沿革

咸宁市（地级市）行政建置较晚，但境内各县市区历史悠久，源远流长。市域夏商属荆楚，秦属南郡，汉属江夏郡，东汉末属东吴。吴黄武二年（223）置蒲圻县（今赤壁市）。唐代宗大历三年（768）置永安镇，南唐保大十三年（955）升为永安县，宋真宗景德四年（1007）为避宋太祖永安陵讳，按《易·乾象》"万国咸宁"与"永安"近义之意，取名咸宁县（今咸安区）。南唐保大十一年（953）置嘉鱼县。北宋乾德二年（964）置通山县。北宋开宝八年（975）置崇阳县。北宋熙宁五年（1072）置通城县。元时，市域属湖广行省武昌路；明清时，属武昌府。民国时期，先属江汉道，后属湖北省第一行政督察区。新中国成立后，先后隶属大冶专区、孝感专区。1965年8月成立咸宁专区，辖咸宁、嘉鱼、蒲圻、通山、通城、崇阳、阳新、鄂城、武昌九县。1970年，咸宁专区改称咸宁地区。1975年和1979年，武昌、鄂城县分别划属武汉市、黄冈地区。1983年8月撤销咸宁县，设立咸宁市（县级市）。1986年6月撤销蒲圻县，设立蒲圻市（县级市），1998年10月蒲圻市更名为赤壁市。1997年阳新县划属黄石市。

◎文苑拾萃

《太平御览》

《太平御览》，中国古代类书。宋太宗命李昉等14人编辑，始于太平兴国二年（977），成于八年（983）。初名《太平总类》，太宗按日阅览，改题此名。全书1000卷，分55部，每部之下又分若干子目，共4558类，以引证广博见称。据书前"图书纲目"所载，引用图书1690种，连同杂书、诗、赋、铭、箴等，引书实用2579种（据近人马念祖考订，见《水经注等八种古籍引用书目汇编》）。所引用的古书十之七八已失传，是保存古代佚书最为丰富的类书之一。此书以《四部丛刊三编》的影印本为最好，1960年中华书局据此本重新印行。

王雱辨獐鹿

◎铁不用就会生锈，水不流就会发臭，人的智慧不用就会枯萎。——格言

> 王雱（1044—1076），字元泽。北宋临川人（今江西省东乡县上池村人），北宋学者、文学家，道学、佛学学者，北宋著名政治家、思想家、文学家王安石之子。世称王安礼、王安国、王雱为"临川三王"。王雱著有《老子训传》、《佛书义释》、《南华真经新传》20卷、《论语解》10卷、《孟子注》14卷，注过老子的《道德经》，多已广佚。

王雱在父亲的教育下，少年时代就博览群书，20岁前已著书数万言，以博学多识而著称。

史书中曾记载了这样一个故事。在王雱才几岁的时候，有一天，一位南方来的客人送给王安石一头獐、一头鹿。獐，是一种像鹿而无角的动物，行动灵敏，能跳跃，能游泳。

獐和鹿都关在同一笼子里，放在客厅上。王雱听说后，蹦蹦跳跳地来到笼子旁，好奇地打量着这两只稀罕的动物。

这时，客人开玩笑地问王雱："别人都说你人小聪明，我问你，笼中哪只是獐？哪只是鹿？"王雱过去从来没见过这两种动物，这下可把他给问住了。他实在不知道哪只是獐，哪只是鹿。可是，客人在等着他回答，父亲也在一旁含笑地望着他。

王雱想告诉客人自己不认识，可转而又想：无论如何也不能让客人问住，怎么办呢？只见他转了转小眼珠子，指着笼子里的獐和鹿，巧妙地对客人说："您瞧，獐旁边的那只是鹿，鹿旁边的那只就是獐。"

客人见王雱边指边说，而且说的都对，以为他真知道，惊奇地称赞说："对！你真不简单，小小年纪就能分辨出獐和鹿，不简单啊！"

父亲王安石听后又好笑又叫绝，因为他知道王雱本不认识獐和鹿，却不懂装懂，回答得振振有词，可又不得不佩服他灵活应答的本领。

◎故事感悟

王雱的回答并没有错，但究其根本，他并没有具体回答问题，而是虚晃一枪，含糊其辞，竟骗过了粗心的客人。他这种不触及实质问题、敷衍搪塞的诡辩态度是不足取的。但另一方面，他巧妙地运用语言本身的模糊概念，使自己由被动局面转向主动，使自己在对某一问题能作正面回答时，巧妙地予以回避也是聪智的表现。

◎史海撷英

王安石创行《保甲法》

《保甲法》于熙宁三年颁行。《保甲法》规定，各地农村住户，不论主户或客户，每十家（后改为五家）组成一保，五保为一大保，十大保为一都保。凡家有两丁以上的，出一人为保丁。农闲时集合保丁，进行军训；夜间轮差巡查，维持治安。《保甲法》既可以使各地壮丁接受军训，与正规军相参为用，以节省国家的大量军费，又可以建立严密的治安网，把各地人民按照保甲编制起来，以便稳定封建秩序。

文彦博巧计取球

◎智慧的可靠标志，就是能够在平凡中创造奇迹。——格言

> 文彦博（1006—1097），字宽夫。汾州介休（今属山西）人。北宋时期政治家。文彦博少年时期与张升（后官至参知政事枢密使）、高若纳（后官至参知政事）从颖昌史炤学习经术，天圣五年（1027）进士及第，先后任翼城知县、绛州通判、监察御史、殿中侍御史。文彦博历仁、英、神、哲四朝，任将相50年，执政于国家承平之时，史称："公忠直亮，临事果断，皆有大臣之风，至和以来，共定大计，功成退居，朝野倚重。"

文彦博是北宋的著名政治家。他童年时就是一个善于动脑筋的聪明孩子，而且点子多、有主意，备受大人们的喜爱。

那时，小孩们都爱玩踢皮球。这种皮球同我们现在的充气皮球不一样，它外面是羊皮或牛皮做的，里面塞满羽毛，很轻便，有弹性。

有一天，文彦博和一群小伙伴在大门外一块空地上兴高采烈地踢球。忽然，一个小孩飞起一脚，将球踢出老远，一帮孩子在后面追逐着球。不料球落地后，滚到墙角一株大槐树下不见了。

球跑到哪儿去了呢？大家找来找去，在大槐树根下发现有个洞，原来球滚进洞里去了。

这是一棵百年老树，几条又大又粗的树根，弯弯曲曲地趴在地面上，树根的旁边裂开一个大洞，一直通到地下，形成一个很深的窟窿。

怎么将球取出来呢？大家都在焦急地想办法。

有个小孩趴在地上，伸出胳膊往洞里掏球，洞虽不大，可是洞很深，胳

膊短，他憋得满头大汗，连球也没摸着。

有的建议说，回家去取把铁锹把洞挖开吧。可是，洞旁满是盘根错节的树根，他们怎挖得动啊！

有的说，用竹竿能把球拨出来。他们试了试，树洞弯曲不直，也没成功。

大家正在着急，忽然看见文彦博端着一个大铜盆从大门里跑了出来，他到池塘边舀了一盆水，回身跑到树下，把水灌进树窟窿里，然后又转身向池塘跑去。小伙伴们见状一下子全明白了，大家都飞快地跑回家去，有的端来盆，有的提着小水桶，都来舀水倒进树洞，不一会儿，洞里的水灌满了，皮球便从洞口浮了出来。文彦博拣起皮球，向上一抛，飞起一脚，把皮球踢到空中，小伙伴们都哈哈大笑，又争着去抢球了。

◎故事感悟

球落入洞中，文彦博没有采用同伴的想法，而是机智地运用反向思维巧取胜。事实上，我们在日常生活学习中，也应当有意识地运用这种反向思维思考问题。文彦博机敏的反向思考给我们上了生动的一课，值得我们学习。

◎史海撷英

文彦博力主裁军

文彦博遇事沉着、冷静，处理事情也非常果断，且多为国家社稷着想。当时西部边境有军事行动，常有将官临阵先退、望敌不进的情况发生。文彦博上奏朝廷云："此事于太平年间尚属无妨，宋仁宗若遇战乱年代，何所济之？平时将权不专、兵法不峻耳。"

宋仁宗采用了他的意见。文彦博曾与枢密使庞籍讨论淘汰冗兵减省冗费事，朝中大臣多认为此法不容易行得通，因为朝廷过去害怕在灾荒年间发生灾民暴动，便在灾区大规模征兵，以减其势；如若减省冗兵，恐怕所减之人聚为盗贼，危害社会安定。仁宗也迟疑不决，文彦博决然地说，"如公私困竭，冗兵是其原因之一，若汰兵有事发生，臣请为国而死！"朝廷接纳了文彦博的意见，如其言，没有任何事情发生。

◎文苑拾萃

寄友人包兼济拯

（宋）文彦博

缔交何止号如龙，发箧畴年绛帐同。

方领聚游多雅致，幅巾佳论有清风。

名高阙里二三子，学继台城百六公。

别后愈知昆气大，可能持久在江东。

于仲文巧断耕牛

◎机智是随着智慧而来的。——佚名

于仲文（545—613），字次武。河南洛阳（今河南洛阳）人。隋朝名将。鲜卑人。他出身公卿之家，祖父于谨为北魏、西魏、北周时期著名的军事将领，父亲于寔为北周大左辅、燕国公。于仲文"少聪敏，髫龀就学，耽阅不倦"（《隋书·于仲文列传》），其父于寔见后，惊异地说："此儿必兴吾宗矣。"长大后，于仲文"倜傥有大志，气调英拔，当时号为名公子"。北周时为安固太守，善决狱，蜀中号为"明断无双有于公，不避强御有次武"。后来，于仲文多次随军征战，累勋授仪同三司。周宣帝时，为东郡（治滑台，今河南滑县东旧城）太守。

    于仲文自幼聪明好学，而且善于动脑筋，巧于思辨，常帮助村里人解决一些疑难问题，人们都很信任他。今天，他就是被请来帮助州官断一件两家争牛公案的。

    原来，村里姓任和姓杜的两家都跑丢了一头耕牛，而且颜色和大小都一样，找了很久也没有消息，两家人特别着急。

    有一天，忽然有人在山上发现了无主的牛，任、杜两家听了，高兴极了，都跑去认领。

    到那儿一看，只有一头牛，两家人都争着说是自己丢的，都想牵回自己的家中。结果两家人拉来扯去，在山上争吵得不可开交，互不相让。

    "走，我们到官府去，请州官裁定。"混乱中不知谁喊了一句。

    "对，去州府，看看牛到底是谁家的。"有人随声附和。

　　两家人拉拉扯扯，来到了州府，击鼓鸣冤。州官升堂，面对威严肃穆的公堂，他们都有些发怵。可利益当前，谁也顾不得太多，争相喊着做原告，说对方抢自己的牛。

　　州官一见，乌七八糟，一拍惊堂木："都给我闭嘴，一个一个说！"

　　两家人先后说明了经过及自己所丢牛的特征，只是公说公有理，婆说婆有理。州官听明白了事情的来龙去脉，忙叫差人把牛牵来。

　　牛牵来了，州官一看愣住了：这头牛跟两家人说的一模一样。

　　望着牛，再看看仍在争吵的两家人，州官一筹莫展：该判给谁呢？牛到底是谁家的呢？

　　"听说于仲文这孩子很聪明，而且很会断事，何不把他请来试试呢？"一个差人附在州官的耳畔轻声说。

　　州官虽不相信于仲文断得了此案，但无奈之际，只得按差人的主意去请于仲文。

　　仲文来到公堂，听了案情的经过，没有说什么，考虑了一下，就让差人拿来皮鞭，照着牛的身上狠狠地抽打起来。

　　见牛"哞哞"直叫，任家人可心痛了，大声喊："哎呀，快别打了，这会把牛打坏的。"

　　可杜家的人则若无其事地一言不发。这时，仲文已明白了大半。

　　"教训"完牛，仲文则不慌不忙地把拴着的牛放开，看着它走开。

　　这头牛走失几天了，今天看到了它的伙伴和喂养它的牛倌，高兴地向东边任家的牛群跑去，像见到老朋友一样开心地叫着，非常亲热。

　　州官和围观的人见此情景，一下子全明白了。个个点头微笑，深深钦佩小仲文的机智。

　　仲文看了看兴奋的任家人，说："自己家的牛要小心喂养，不可让它随便走失的，以后要小心。"他又看了看懊丧的杜家人，说："牛是不会说话，但它也是有感情的，可你对它毫无感情，任我抽打；任家则不然。而且牛认识喂养它的牛倌和平时的伙伴，自己跑进任家的牛群。以后不要贪图别人的东西了。"

　　杜家的人哑口无言，羞愧地走了。

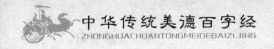

◎故事感悟

机敏是在平时生活中善于观察和积累经验之后的短暂爆发。于仲文对日常生活中的一些事情体验很深，于是得出了上述结论。这对于当今青少年仍不无启迪。

◎史海撷英

隋朝官制

史料记载，三省六部制创立于隋朝。其中三省为中书省、门下省、尚书省；六部为吏部、户部、礼部、兵部、刑部、工部（这是唐代的三省六部名称）。隋朝的六部名称稍异，为吏、礼、兵、度支（后改为民）、都官（后改为刑）和工。

隋文帝在中央设立三师、三公、五省（尚书、门下、内史、秘书和内侍）。三师、三公只是一种荣誉虚衔。五省之中，只有尚书、门下、内史三省才是真正的中枢权力机构（秘书省掌图书典籍，职任较轻；内侍省掌侍奉宫掖，委以宦官）。三省各有明确分工。

◎文苑拾萃

无向辽东浪死歌

（隋）王薄

长白山头知世郎，纯著红罗锦背裆。

横侵稍天半，轮刀耀日光。

上山吃獐鹿，下山食牛羊。

忽闻官军至，提剑向前荡。

譬如辽东死，斩头何所伤。

年羹尧妙计平叛乱

◎智士者国之器。——刘向

年羹尧（1679—1726），字亮工，号双峰。原籍安徽怀远。清代康熙、雍正年间人，进士出身，官至四川总督、川陕总督、抚远大将军，还被加封太保、一等公，高官显爵集于一身。他曾配合各军平定西藏叛乱，率清军平息青海罗卜藏丹津，立下赫赫战功。雍正二年（1724）入京时，年羹尧得到雍正帝特殊宠遇，真可谓位极人臣。但翌年十二月，风云骤变，他被雍正帝削官夺爵，列大罪92条，赐自尽。

清朝大将军年羹尧雄才伟略，在讨平西藏、征服青海的战斗中，建立了不可磨灭的功绩，是当时清朝文武百官中的佼佼者。

有一次，他奉命率兵出征青海。不料西宁至哈达河这条通往青海的天险之路被青海叛军占据，他们在河口布下重兵，清军无法渡河。双方相持半月之久，年羹尧天天派人四处搜寻通往西宁的其他小路。

有一天，派出的人回来说，有一条叫塌子沟的小路可以通往西宁，叛军在那里没有布防，只是沟宽数里，沟里满是淤泥，无论人马陷进去就出不来。

年羹尧见有一线希望，就亲临塌子沟观察，他亲自拿长竹竿测试，也没探出深浅。回营后，他认真地思索通过这块死亡之地的方法。两天后，年羹尧突然传令：明天早晨进兵塌子沟，每名清兵都必须准备好一大捆草和一大块木板。违者斩首。

将士们莫名其妙，但军令如山，只得照办。

次日清晨，年羹尧检查完部下的准备情况，立即率部出发，直达塌子沟。

"把木板和茅草边走边抛进沟里！"年羹尧下达了命令。于是一捆捆茅草、一块块木板有条不紊地扔进了沟里，铺成一条泥上道路，部队急速地渡了过去。叛军万万想不到，年羹尧的部队能通过塌子沟。因该处并无防范，于是清兵如入无人之境，很快兵临西宁城下，叛军还以为是神兵天降，仓皇逃窜。年羹尧一举降服了青海叛乱。

还有一次，年羹尧出征西藏，走到一个叫落笼宗的地方，因地势奇险，大队人马只好在一个叫三巴桥的地方停了下来。

当天半夜的时候，正在灯下研究下一步行军计划的年羹尧，忽然听到一股强劲的风从西南刮来，转眼间又远去了。他感到很奇怪，仔细听了一会儿，再没声音，仔细想了想，似有所悟，忙派人去请总兵黄喜林。

"你带飞骑300人，速去西南的密林中认真搜查，里面定有贼兵埋伏，一定要全部捉回，不可误事。"黄总兵来到后，年羹尧下达了命令。

黄喜林对这项任务很不理解，心想三更半夜的，带兵搜捕，在这陌生之地，怎么知道有敌兵埋伏呢？但服从命令是军士的职责，他只好带兵前去。

黄喜林率部来到西南，果然见到一片茂密的森林，漆黑的夜幕下，显得异常神秘莫测。他心想：这确实是埋伏军队的好地方，将军所料不错。于是，他悄声传下号令："全面搜查。"

士兵们四面出击，经过搜查，真的有数百名敌兵藏在林中，企图在夜深人静时，偷袭清军大营，阻止清军前进。

经过一番激战，黄喜林率部全歼了敌兵。

"刚才那阵风，从西南而来，只一会儿就消失了，我知道那不是风，而是鸟群飞翔时搏击翅膀的声音。夜里鸟群都回到林中休息，不再外出，只有受到惊吓时，才会深夜远飞。离这儿不远的西南方有一片密林，我来到就听说了，里面一定有很多鸟投宿。刚才飞过的鸟一定是从那里起飞的，我料定是敌人潜伏在里边惊飞的，所以才派你们去搜查的。"在歼灭敌军后，年羹尧向归来的将士们详细解释说。听着入情入理的分析，众将士更加佩服年羹尧的超群智慧。

◎故事感悟

机智准确的判断源于对生活的细致观察，有过人之处的人，必有其细腻的一面。年羹尧就是通过对自然事物的分析，敏锐地作出正确决定的。这就要求我们在平时处理问题时，一定要机敏地透过现象看本质，只有这样，才能百断百胜。

◎史海撷英

养廉银制度

养廉银制度起于清雍正年间，火耗归公后实行。史书记载，当时支发各官的养廉银有一定的标准，首先是考虑到了各官地位的高低以及任所的事务繁简。此外，也还考虑到了其他的因素：一是照顾到了官员以往收受陋规的情况，二是照顾到了官员在养廉银外是否还有其他经费来源，三是照顾到了官员所在地区的富庶或贫瘠。但是，由于雍正年间的养廉银制度尚属创行阶段，各地官员的养廉银额不但差别很大，且多有变更，随后亦多有调整。其他如总督、布政使、按察使以至府州县官员的养廉银亦参差不齐、多有变化。乾隆十二年（1747），全国范围内进行了调整，养廉银制度成为定制。

◎文苑拾萃

寒夜有怀

（清）雍正帝

夜寒漏永千门静，破梦钟声度花影。

梦想回思忆最真，那堪梦短难常亲。

兀坐谁教梦更添，起步修廊风动帘。

可怜两地隔吴越，此情惟付天边月。

黄兴机智免灾祸

◎机敏，不是死的默念，而是生的沉思。——谚语

黄兴（1874—1916），原名轸，改名兴，字克强，一字廑午，号庆午、竞武，革命时期化名李有庆、张守正、冈本、今村长藏。湖南省长沙府善化县高塘乡（今长沙县黄兴镇凉塘）人。黄兴是中华民国开国元勋，辛亥革命时期，以黄克强闻名当时，与孙中山常被时人以"孙黄"并称。1916年10月31日，黄兴于上海去世；1917年4月15日，受民国元老尊以国葬于湖南长沙岳麓山。黄兴的著作有《黄克强先生全集》、《黄兴集》、《黄兴未刊电稿》及《黄克强先生书翰墨迹》刊行。

革命家黄兴，一生为了革命辛苦奔波，历经无数次风险，但每次在危难之中都能化险为夷，虎口脱险。这其中，当然有革命群众的舍生相救，但更多的是黄兴凭借自己的智慧，得以安然脱险。

一次，黄兴回到湖南长沙发动群众起义。不料，就在起义前夕，消息泄露，湖南巡抚率兵镇压。由于黄兴是首要分子，巡抚下令，全城戒严，务必将其捉拿，胆敢藏匿者与黄兴同罪。

一场全城大搜捕的行动开始了，黄兴无处藏身，形势万分危急。猛然，黄兴看见一间出租花轿仪仗的商店，他灵机一动，知道自己这次又可平安脱险了。

他直接来到这家商店，指名要见店主，小二不敢怠慢，连忙引见。一见面，黄兴直接表明身份，说明来意，请店主帮自己一把。黄兴原本想说出自己是革命者，应该会得到群众的热心帮助。

哪知，这位店主生就胆小怕事。一听说是黄兴，吓得不住哆嗦，不仅拒绝了黄兴，还一个劲地催促他赶快离开，以免惹火上身。

黄兴一看不行，便换了一种严厉的口气，大喝一声："今天巡抚下令全城戒严抓捕我，抓不到我，他们不会罢休，你可知隐匿者与我同罪。现在我就待在这儿不走了，等他们找到我，我就说你是同党。"

掌柜一听，吓得要给黄兴下跪，不住求饶。

黄兴接着说："为今之计只有一个。你用花轿抬着我，配上仪仗和鼓手，送我出城。只要出了城，我立刻就走，你也就不用担心了。而且，我加倍付工钱。"

店主一听，也只好这么做了，乖乖照办。就这样，黄兴又一次化险为夷。

◎故事感悟

很多人都有欺软怕硬的心态，对待这些人就要软硬兼施。一味地退让无异于纵人欺侮，而一味地针锋相对又会招致对立，最佳策略便是以硬对硬，先压制住对方，然后再软语慰人，予人面子。黄兴正是机智地对店老板软硬兼施，以硬制硬，然后再以软抚慰，最终达到了目的保护了自己。

◎史海撷英

广州新军起义

广州新军起义又称庚戌广州新军之役。该起义是清宣统二年正月初三（1910年2月12日）同盟会在广州依靠新军发动的反清武装起义。这次起义虽然失败了，但影响巨大。它证明清朝统治的工具新军通过革命党人的工作，确可转化为革命的力量，从而大大增强了革命党人和广大群众对革命胜利的信心，加速了革命形势的发展。

◎文苑拾萃

回湘感怀

黄兴

卅九年知四十非，大风歌好不如归。

惊人事业随流水，爱我园林想落晖。

入夜鱼龙都寂寂，故山猿鹤正依依。

苍茫独立无端感，时有清风振我衣。

ZHONGHUACHUANTONGMEIDEBAIZIJING

中华传统美德百字经

敏·机敏善识

第二篇

"旁敲侧击"收获大

孙息借杂技相劝晋灵公

◎机敏意味着以最佳手段寻求最佳结果。——名言

晋灵公（生卒年不详），姬姓，名夷皋，晋襄公之子，公元前620年即位。其时年龄尚幼，即好声色，后来渐长，宠任屠岸贾。晋灵公不行君道，荒淫无道，以重税来满足奢侈的生活，民怨极重。

春秋时期的晋灵公，奢侈腐化。某年下令兴建一座九层高的楼台，群臣劝说，他火了，干脆又下了一道命令，敢劝阻建九层台者斩首。这样一来，便没人敢再说话了。

只有一个叫孙息的大臣很得灵公喜欢。他就告诉灵公，说他能把九个棋子摞起来，上面还能再摞九个鸡蛋。灵公听了，觉得这事儿挺新鲜，立即要孙息露一手让他开开眼界。孙息也不推辞，就把九个棋子摞在一起，接着又小心翼翼地把鸡蛋往棋子上摞，放第一个、第二个……孙息自己紧张得满头大汗，战战兢兢，看的人也大气不敢出一口。因为孙息倘不能把鸡蛋摞好，就犯了欺君杀头大罪。

这时，灵公也憋不住了，大叫："危险！"孙息却从容不迫地说："这算什么危险，还有比这更危险的事哩！"灵公也被勾起了好奇："还有什么比这更危险？"

孙息便掂掂手中的鸡蛋，慢吞吞地说："建九层台就比这危险百倍。如此之高台3年难成，3年中要征用全国民工，使男不能耕，女不能织，老百姓没

有收成，国家也穷困了。而国家穷困了，外国便会趁机打进来，大王您也就完了。你说这不比往棋子上摞鸡蛋更危险吗？"

灵公吓得出了一身冷汗，立即下令停工。

◎故事感悟

　　孙息为了劝诫晋灵公，巧妙地让晋灵公看了场不成功的杂技表演，晋灵公也因此取消了建造九层高台的念头。孙息并没有直接阻挠，而是间接令其明悟其中的道理，机智之处不言而喻。时至今日，在人与人之间的相处中，仍有诸多问题不便说明，不妨来一个言在此而意在彼，或许会取得意想不到的效果。

◎史海撷英

晋灵公好玩狗

　　晋灵公生活奢华，但有一个喜好使人好笑——好玩狗，在曲沃专门修筑了狗圈，给它穿上绣花衣。颇受晋灵公宠爱的人屠岸贾因为看晋灵公喜欢狗，就用夸赞狗来博取灵公的欢心，灵公更加崇尚狗了。

　　一天夜晚，狐狸进了绛宫，惊动了襄夫人，襄夫人非常生气，灵公让狗去同狐狸搏斗，狗没获胜。

　　屠岸贾命令虞人（看山林的）把捕获的另外一只狐狸拿来献给灵公说："狗确实捕获到了狐狸。"晋灵公高兴极了，把给大夫们吃的肉食拿来喂狗，并下令对国人说："如有谁触犯了我的狗，就砍掉他的脚。"于是国人都害怕狗。狗进入市集夺取羊、猪而吃，吃饱了就把食物拖着回来，送到屠岸贾的家里，屠岸贾由此获大利。大夫中有要说某件事的，不顺着屠岸贾说，那么狗就群起咬他。赵宣子将要进谏，狗阻止并把他拒之门外，不能进入。

◎文苑拾萃

《赵氏孤儿》

　　戏剧名。最早为元代纪君祥所作杂剧，全名《冤报冤赵氏孤儿》，又名《赵氏孤儿大报仇》；此后又有各种改编过的同名戏剧。戏剧情节叙了述春秋时期晋国贵族赵氏被奸臣屠岸贾陷害而惨遭灭门，幸存下来的赵氏孤儿赵武长大后为家族复仇的故事。法国文豪伏尔泰曾将此剧改编为《中国孤儿》。

曹冲巧称象

◎智慧是穿不破的衣裳，知识是取不尽的宝藏。——谚语

曹冲（196—208），字仓舒，东汉末年人，曹操之子。从小聪明仁爱，与众不同，深受曹操喜爱。留有"曹冲称象"的典故。曹操几次对群臣夸耀他，有让他继嗣之意。曹冲还未成年就病逝，年仅十三岁。

曹冲，曹操之子。东汉末年，据守东吴的孙权送给丞相曹操一头大象。曹操见了大象很高兴，只见这头大象卷动着长鼻子，四只腿像四根粗壮的大柱子，浑身透露出一种稳重、刚实、摇撼不动的大山似的壮美之气。

曹操上下左右端详了一会儿，忽然想起："这大象可不知有多重啊？"想着，便向百官问道："谁家有大秤，把这头象称称？"

群臣听了一个个噤若寒蝉，呆若木鸡。

曹操正要发火，猛地一拍自己的额头，笑道："罢，罢，罢！世界上哪来称大象的秤呢？"笑了一会儿，又问："大家谁有好办法能称出大象的重量？"

百官们面面相觑，谁也拿不出妙计。有的说："得造一杆大秤，砍一棵大树做秤杆。"有的说："有了大秤也不成啊，谁有那么大的力气提得起这杆大秤呢？"也有的说："办法倒有一个，就是把大象宰了，割成一块一块的再称。"曹操听了直摇头。

突然，一个小孩儿从人群背后钻出来，说："父亲，我有个办法。把大象赶到一艘大船上，看船身下沉多少，在船舷的吃水面上画一条线。再把大象

赶上岸，往船上装石头，装到船下沉到画线的地方为止。然后，称一称船上的石头，石头有多重，就知道大象有多重了。"

曹操听完，拈着胡须，微笑着点点头。百官也纷纷喝彩，直夸曹冲神童！

曹操叫人照曹冲说的办法去做，很快便称出了大象的重量。

◎故事感悟

曹冲的过人之处，在于敏锐地抓住了事物间本质上的相同之处，即利用浮力相等的原理达到称大象的目的。由之我们也总结出一个道理，做事情可以灵活地找出其替代物，从个性之中找出其共性之处。而曹冲为我们作出了榜样，值得学习。

◎史海撷英

骑都尉

骑都尉是一种官名。汉武帝始置。两汉均置，属光禄勋。晋以后历代沿置，唐为勋官十二转之第五转，相当于从五品。宋、金沿置。清为世爵名。乾隆元年（1736）改拜他喇布勒哈番汉名骑都尉，在轻车都尉下，云骑尉上。

◎文苑拾萃

铜雀台

铜雀台位于今河北临漳县境内，距县城18公里。这里古称邺，古邺城始建于春秋齐桓公时，在三国时期，曹操击败袁绍后营建邺都，修建了铜雀、金虎、冰井三台。铜雀台到明代末年已基本被毁，地面上只留下台基一角。

望梅止渴

◎聪明智慧，然而缺少果断，这就只能是婆婆妈妈；有勇气但不
聪明机灵，毫无疑问，这只是兽性大发。——《五卷书》

> 曹操（155—220），字孟德，小字阿瞒，一名吉利。沛国谯（今安徽亳州）人，东汉末年著名的军事家、政治家和诗人，三国时代魏国的奠基人和主要缔造者，后为魏王，其子曹丕称帝后，追尊他为魏武帝。曹操一生征战，为全国尽快统一，在北方广泛屯田，兴修水利，对当时的农业生产恢复有一定作用；其次，他用人唯才，打破世族门第观念，抑制豪强，所统治的地区社会经济得到恢复和发展；此外，他还精于兵法，代表作有《孙子略解》、《兵书接要》、《孟德新书》等书。

有一次，曹操带兵去打仗，一路行军，走得非常辛苦。这时正是夏天，太阳火辣辣地挂在空中，散发着巨大的热量，大地都快被烤焦了。曹操的军队一连走了很多天也没有到达目的地，士兵们都已经十分疲乏了。夏天，人们最需要的就是水，可是一路上都是荒山秃岭，没有人烟，方圆数十里都没有水源。渐渐地，将士们的水囊都空了，整个队伍一点水也没有了。头顶烈日，将士们一个个被晒得头昏眼花、口干舌燥，感觉喉咙里好像着了火，许多人的嘴唇裂得鲜血直淌。每走几里路，就有人中暑倒下死去，就是身体强壮的士兵，也渐渐地快支持不住了。士兵们看到这样的情景，都没有什么力气走下去了。

曹操目睹这样的情景，心里非常焦急。他策马奔向旁边一个山冈，在山冈上极目远眺，想找个有水的地方。这一看让他非常失望，茫茫大地，一望

无际，到处是干得龟裂的土地，没有一点有水的迹象。

曹操心里盘算道：这一下可糟糕了，找不到水，这么耗下去不但会贻误战机，还会有不少的人马要损失在这里。想个什么办法来鼓舞士气，激励大家走出干旱地带呢？

曹操想了又想，突然灵机一动，脑子里蹦出个好点子。他就在山冈上，抽出令旗指向前方，大声喊道："前面不远的地方有一大片梅林，结满了又大又酸又甜的梅子，大家再坚持一下，走到那里吃到梅子就能解渴了！"他还装着兴致勃勃的样子打马前进。

战士们听了曹操的话，想起梅子的酸味，就好像真的吃到了梅子一样，口里顿时生出了不少口水，精神也振作起来，鼓足力气加紧向前赶去。就这样，队伍振奋了起来，行军的速度很快，不久就走到了有水的地方。

◎故事感悟

谎言在某些时候也可以将人们的潜在能量激发起来，曹操就是机敏地运用了这一点，最终带领士兵们冲出干渴的困境。推而广之，人的一生定会遇到这样或那样的意外困顿，倘若我们能够得到如此机智的谎言，结果或者会有很大改观。智慧的力量由此可见一斑。

◎史海撷英

大将军

大将军这一官职始置于战国时期，是将军的最高封号。而在东汉时却多由贵戚充任。具体名号有建威大将军、骠骑大将军、中军大将军、镇东大将军、抚军大将军等等。除骠骑大将军之位稍低于三公之外，其余均在三公之上。三国时夏侯惇、姜维等人皆为大将军。

◎ **文苑拾萃**

薤露行

曹 操

惟汉廿二世，所任诚不良。

沐猴而冠带，知小而谋强。

犹豫不敢断，因狩执君王。

白虹为贯日，己亦先受殃。

贼臣持国柄，杀主灭宇京。

荡覆帝基业，宗庙以燔丧。

播越西迁移，号泣而且行。

瞻彼洛城郭，微子为哀伤。

白头萧散

纪晓岚

白头萧散老尚书，还踏香尘从玉舆。

自笑行装先载笔，词林习气未全除。

贾嘉隐巧对朝廷两重臣

◎机智总是力量的劲敌。——格言

　　唐朝时代的贾嘉隐，是一个既聪明而又顽皮的孩子，7岁时就已经远近闻名了。

　　一天，皇帝传下令来要召见贾嘉隐。当他走到朝堂的时候，正碰上太尉长孙无忌和司空李勣站在朝堂上说话，他们二人都背靠着一根柱子。二人见了贾嘉隐，就对他说："听说你很聪明，现在我们想考考你。"

　　"考什么？请出题吧！"贾嘉隐不在乎地说。

　　李勣想了一下说："你知道我背靠的这根柱子是什么树做的么？"

　　贾嘉隐见过的活树本来就不多，何况这是一根柱子，无枝无叶又无皮，他哪分辨得出来？但他并不肯认输，眼珠转动了几下，就回答说："这是一根松木柱子。"

　　"你这是乱猜。这分明是一棵槐树做的柱子，怎么说是松木的呢？这回你可是猜错了呀？"李勣的话音里带着讥笑。

　　"就是松木的。"贾嘉隐以十分肯定的口气说。

　　李勣也被他搞蒙了，问："何以见得是松木的呢？"

　　贾嘉隐振振有词地说："李公背靠木柱，公木相配，不是一个松字吗？"

　　李勣大笑起来说："回答得好，回答得好！"

　　长孙无忌在一旁听了，冷冷地说："好什么？他这是强词夺理，诡辩！"

　　说完，转向贾嘉隐问道："我问你，我背靠的这一根又是什么树呢？"

　　贾嘉隐又转动了几下眼珠，然后说："槐树。"

"这才是名副其实的松树，你怎么说是槐树呢？我看你怎样狡辩？"

"何必狡辩。以鬼配木，不是一个槐字吗？"贾嘉隐慢悠悠地说。

长孙无忌听后气得吹胡子瞪眼睛，连声说："你把我比做鬼，可恶！可恶！"

李勣惊讶地指着贾嘉隐说："这个娃娃长得一副鬼脸（面目丑陋），为什么这样聪明呀？"

贾嘉隐以牙还牙，应声说："你生得一副胡面（李勣的面孔像胡人）。胡面尚能当宰相，鬼脸又怎能影响人的聪明呢？"

李勣佩服地说："人人都说你聪明，果然名不虚传。"

长孙无忌报复嘉隐道："你长得一副鬼脸，你的聪明也是鬼聪明。"

贾嘉隐还不示弱，又回答说："鬼聪明总比鬼木头好。"

他这里说的木头是指木头木脑。刚才贾嘉隐把长孙无忌背靠着的木头说成是槐树，所以这里又称他为鬼木头。

李勣取笑说："你们一个是老鬼，一个是小鬼，今天我真是活见鬼啦，哈哈哈！"

◎故事感悟

贾嘉隐机智地与两位大臣针锋相对，驳得对方无言以对。实际上，贾嘉隐的语言的确是一种狡辩，但狡辩并不等于胡说，而需要丰富的知识和敏锐的观察力，还要善于捕捉对方语言中的漏洞。7岁的贾嘉隐能在短时间内以如此幽默的语言驳倒对方，实在不简单！

◎史海撷英

凌烟阁第一功臣长孙无忌

长孙无忌非常好学，"该博文史"。隋朝义宁元年（617），李渊起兵太原。无忌进见，渊爱其才略，授任渭北行军典签。自此辅佐李世民，建立了唐朝政权，是唐朝的开国功臣，以功第一，封齐国公，后徙赵国公。武德九年（626），参与

发动玄武门之变，帮助李世民夺取帝位。历任尚书仆射、司空。为人谨慎，改任司徒。贞观十一年（637）奉命与房玄龄等修《贞观律》。贞观十七年，图功臣二十四人于凌烟阁，长孙无忌居第一。唐高宗即位，册封太尉，同中书门下三品。永徽二年（651）奉命与律学士对唐律逐条解释，撰成《律疏》（宋以后称《唐律疏议》）30卷。因反对高宗立武则天为皇后，为许敬宗诬构，削爵流黔州（今重庆市彭水县），自缢而死。有诗三首。

◎文苑拾萃

凌烟阁

凌烟阁原本是皇宫内三清殿旁的一个不起眼的小楼。贞观十七年二月，唐太宗李世民为怀念当初一同打天下的众位功臣，命阎立本在凌烟阁内描绘了24位功臣的图像，褚遂良题之，皆真人大小，时常前往怀旧。其中24位功臣分别是赵公长孙无忌、赵郡王李孝恭、莱公杜如晦、郑公魏征、梁公房玄龄、申公高士廉、鄂公尉迟敬德、卫公李靖、宋公萧禹、褒公段志玄、夔公刘弘基、蒋公屈突通、勋公殷开山、谯公柴绍、邳公长孙顺德、郧公张亮、陈国公侯君集、郯公张公谨、卢公程知节、永兴公虞世南、渝公刘政会、莒公唐俭、英公李绩、胡公秦琼。

于谦巧对主考官

◎对于有勇无谋的人，只能让他们做帮手，而绝不能当领袖。——名人名言

于谦（1398—1457），字廷益，号节庵，明代名臣，民族英雄。于谦官至少保，世称于少保，祖籍考城（今民权县），故里在今民权县程庄乡于庄村。于谦的曾祖于九思在元朝时离家到杭州做官，遂把家迁至钱塘太平里，因此史载于谦为浙江钱塘人。于谦与岳飞、张煌言并称"西湖三杰"。

于谦，明代杰出的政治家、军事家。在其少年时，就勤奋好学，志存高远，曾写过一篇借物述志的《咏石灰》诗：

千锤百凿出深山，烈火焚烧若等闲。

粉骨碎身浑不怕，要留清白在人间。

于谦不仅诗写得好，而且擅长对句。14岁那年，于谦去杭州应试。主考官虞谦点名时，他躬身站起却不答应。主考官问他为何不答，他从容不迫地说："与大人同名，故不敢应。"

主考官感到这个小孩很懂礼貌，便随口说出一句对子：何无忌，魏无忌，长孙无忌，彼无忌，尔亦无忌。

上联连用了五个"无忌"，前三个指人：晋代大臣何无忌，战国时魏国信陵君魏无忌，唐代元勋长孙无忌。后两个是双关借用，意思是他们三人同名"无忌"，咱俩同名也不必忌讳。

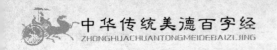
于谦见主考官如此谦和，没有一点架子，便高高兴兴地思考起下联来了。

片刻之间，一句妙对脱口而出："张相如，蔺相如，司马相如，名相如，实不相如。"

这回对中也用了五个"相如"，前三个同样指人：汉初东阳武乡侯张相如，战国时完璧归赵的蔺相如，汉代大文学家司马相如。后两个"相如"是说：这三个人名字虽然都叫"相如"，实际各有高下，并不相如，并借此表明自己实不敢与宗师大人相比。

主考官听罢，又惊又喜，暗想，这孩子不仅才华横溢，而且谦逊有礼，将来必有一番作为。到那时，恐怕自己真的难以与他"相如"了。

◎故事感悟

少年于谦能够在短时间内作出了如此精准的回答，不仅需要广博的学识，同时也需要机智的头脑。假如将该事例延伸至今天，对成人、儿童都会有极大的启发意义。

◎史海撷英

于谦得罪权宦王振

当初，杨士奇、杨荣、杨溥主持朝政，都很重视于谦。于谦所奏请的事，早上上奏章，晚上便得到批准，都是"三杨"主办的。但于谦每次进说商议国事时，都是空着口袋进去，那些有权势的人不能不感到失望。到了这时，"三杨"已经去世，太监王振掌权。于谦入朝，推荐参政王来、孙原贞。通政使李锡逢迎王振的指使，弹劾于谦因为长期未得晋升而心生不满，擅自推举人代替自己。把他投到司法部门判处死刑，关在狱中三个月。后来百姓听说于谦被判处死刑，一时间群民共愤，联名上书。王振便编了个理由给自己下台，称从前也有个名叫于谦的人和他有恩怨，说是把从前那个"于谦"和现在这个于谦搞错了，才把于谦放出来，降职为大理寺少卿。山西、河南的官吏和百姓俯伏在宫门前上书，请求于谦留任的人数以千计，周王、晋王等藩王也这样上言，于是再命于谦为巡抚。当时的山东、陕西流民到河南求食的，有20余万人，于谦请求发放河南、怀庆两府积储的粟米救济。又奏请令布政使年富安抚召集这些人，给他们田、牛和种子，由里老监督管理。于谦前后在任共19年，父母去世时，都让他回去办理丧事，不久便起用原职。

◎文苑拾萃

咏煤炭

（明）于谦

凿开混沌得乌金，藏蓄阳和意最深。

爇火燃回春浩浩，洪炉照破夜沉沉。

鼎彝元赖生成力，铁石犹存死后心。

但愿苍生俱饱暖，不辞辛苦出山林。

徐渭猜谜斗太师

◎如果没有机遇的合作，就不会产生任何难得的妙言
隽语。所以机智和勇敢应该满足于同幸运分享它的
荣光。——名言

> 徐渭（1521—1593），山阴（今浙江绍兴）人。初字文清，后改字文长，号天池山人，或署田水月、田丹水，青藤老人、青藤道人、青藤居士、天池渔隐、金垒、金回山人、山阴布衣、白鹇山人、鹅鼻山侬等别号，明代文学家、书画家、军事家。

又到府试之年，明朝廷派窦太师到江南主持考务。

一天，徐渭到杭州西湖宜园游耍，这里正举行灯谜盛会，他见园门口高高悬挂一首诗谜："二人抬头不见天，一女之中半口田；八王问我田多少，土字上面一千田。"

当时不少人围在那里，苦苦思索，谁也没能猜出谜底。徐渭读罢微微一笑："不难，不难。"说了句："但愿人间家家如此。"便嘻笑而去。

有个诗人仔细品味徐渭的话，恍然大悟，他对众人道破谜底："'二人抬头不见天'是个'夫'字；'一女之中半口田'是个'妻'字；'八王问我田多少'是个'义（義）'字；'土字上面一千田'是个'重'字，合起来就是'夫妻义重'。这不正是家家所盼望的吗？"

墨客骚人们一听，抚掌称赞："徐渭真乃'天下才子'也！"

这消息传到那骄矜的窦太师耳中，气得胡子翘起，愤然道："徐渭不过一介布衣，小小百姓，竟然比我多'天下'二字！"于是，他派人请徐渭到西湖游船上饮酒赋诗。

席间，窦太师笑道："本官有一谜语，谜面是，'摸着无节，看着有节；两头冰冷，中间火热'。猜一物。"

徐渭淡淡一笑道："谜底是那'历书'，连杭州的三尺幼童都知道。"

窦太师表面上对徐渭称赞了一番，心中妒火更旺。

几日后开考了。

主考官窦太师到贡院巡视了一遍，见徐渭也在考生中，冷冷一笑，拿起把剪刀，笔直插入木柱上，说声："诸生开笔吧！"说完扭头便走了。

没有试题，只插一剪刀，好一个奇怪的考试。一时弄得诸考生丈二和尚摸不着头脑，你看看我，我看看你，人人持笔发呆。

徐渭见大家都在发呆，就提醒道："太师拿起剪刀，戳破木头，这不是'起剪破木'吗？他出的试题就是论战国时的四员大将——白起、王翦（与剪同音）、廉颇和李牧哩！没有错，大家赶快动手吧！"

考生们经徐渭一点拨，个个得心应手，一挥而就。

不久，窦太师又进来了，见诸考生缩手端坐着，以为这次真的被他难倒了，才慢慢地念出《论起翦颇牧》这一试题。

诸考生一听，果然与徐渭说的分毫不差。一不会儿，大家随徐渭交了卷。

窦太师接过考卷，顿时愣住了。他心想：才念了题目，怎么一下子就都写好了？抽卷阅读，篇篇扣题，他特地抽出徐渭的考卷来看，更是妙笔生花，不禁暗暗惊叹。但是到了卷末，忽然看见上面画着祭桌和灵牌。窦太师十分生气，心里骂道："好一个自负的小子！还没考中，就想做官祭祖了！"于是，他提笔批道："文章虽好，祭祖太早。不取。"

后来，有人告诉他这次批卷的事，徐渭听了哈哈大笑道："真是个昏头的太师！我哪里是想做官祭祖，因为老母生病，我一边应考一边在记挂她，写好文章看看时间有多，才画了这点东西，我是在祷告祖先保佑她老人家玉体无恙哩！"

◎故事感悟

　　聪明的人不满足于事物的表象，而是剖去表面的浮土，认识到其真正本质所在。徐渭站在一个特定的高度，审时度势，因此得出的结论往往与出题人的本意不谋而合，而该事例也足可以看出徐渭机智的一面，值得我们学习。

◎史海撷英

徐渭善画

　　明代（1368—1644）时期的中国，美术正处在学习古人与创新两种意识碰撞的特殊阶段。水墨写意画迅速发展，以徐渭为代表的泼墨大写意画非常流行，名家出现很多，技法也不断更新，徐渭凭借自己特有的才华，成为当时最有成就的写意画大师。

　　徐渭生性狂放，性格恣肆，但他在书画、诗文、戏曲等方面均获得较大成功。他的写意水墨花鸟画，气势纵横奔放，不拘小节，笔简意赅，用墨多用泼墨，很少着色，层次分明，虚实相生，水墨淋漓，生动无比。他又融劲健的笔法于画中，书与画相得益彰，给人以丰富的想象。

◎文苑拾萃

廿八日雪

（明）徐渭

生平见雪颠不歇，今来见雪愁欲绝。
昨朝被失一池绵，连夜足拳三尺铁。
杨柳未叶花已飞，造化弄水成冰丝。
此物何人不快意，其奈无貂作客儿。
太学一生索我句，飞书置酒鸡鸣处。

天寒地滑鞭者愁，宁知得去不得去？

不如着屐向西头，过桥转柱一高楼。

华亭有人住其上，我却十日九见投。

昨见帙中大可诧，古人绝交宁不罢，

谢榛既举为友朋，何事诗中显相骂？

乃知朱毂华裾子，鱼肉布衣无顾忌！

即令此辈忏谢榛，谢榛敢骂此辈未？

回首世事发指冠，令我不酒亦不寒。

须臾念歇无些事，日出冰消雪亦残。

于成龙诓驾为民请命

◎失掉理智就是失去了做人的一切。——佚名

> 于成龙（1617—1684），字北溪，号于山。清山西永宁（今吕梁离石）人。于成龙于明崇祯十二年（1639）举副员，清顺治十八年（1661）出仕，历任知县、知州、知府、道员、按察使、布政使、巡抚和总督、加兵部尚书、大学士等职。于成龙在二十余年的官海生涯中，三次被举"卓异"，以卓著的政绩和廉洁刻苦的一生，深得百姓爱戴和康熙帝赞誉，并以"天下廉吏第一"蜚声朝野。

于成龙是清汉军镶红旗人，累官至知府、直隶巡抚、河道总督。

康熙皇帝很喜欢到外巡游。

一天，在上早朝时他问群臣："我很想离开京城到外边走走，你们给我介绍介绍，哪些地方值得去看看呀？"

这时，直隶巡抚于成龙站出来说道："固安值得陛下一游。"

康熙又问："固安有哪些名胜古迹呢？"于成龙回答道："固安的奇观美景太多了，既有西湖二景（前西湖、后西湖），又有太子三公（太子务、北公田、中公田、南公田），更有玉带两条（浑河、大清河）、牛头马面（牛驼、马庄）。"

康熙心中大喜，就起驾来到固安，于成龙等大臣陪同。

"陛下先看'两条玉带'怎么样？"于成龙请求康熙定出旅游路线。

"好哇，爱卿在前面带路。"康熙兴致高极了。

他们踏着浑河的堤岸往东慢慢地走着，出现在眼帘的哪里有"玉带"的美景？河中滚动着浑浊的河水，汹涌咆哮。河堤年久失修，高低不平，泥土

疏松，还有不少缺口。两岸的田地比浑河的水位低得多，奔腾的河水随时都会冲破堤岸，淹没两岸的田地村庄。一片荒凉景象，让人看了好不心酸。

"爱卿，这就是你要让我看的固安胜景吗？"康熙沉着脸，很不高兴地责怪于成龙。

于成龙看到皇上生气，连忙跪在河堤上说："古人说：闻景不见景，见景更稀松。我们今天看到的，不正是这样吗？陛下是聪明人，难道想不出更深一层的意思吗？"

康熙低头一想，顿时悟出于成龙的用意，禁不住哈哈大笑起来："于爱卿把我骗到这里，用心良苦，我不怪罪于你。现在，我命令你负责治理这条浑河，不把它变成永定河，不要进京见我！"

于成龙不惜犯欺君之罪把康熙诓骗到固安，正是为民请命，不就是想得到皇上的这一句话吗？他高兴极了，连连答道："我一定遵从陛下的命令，把浑河治理好。感谢陛下对固安人民的浩荡恩典！"

于成龙专心致志地领导当地人民向浑河开战，填平故漕，开挖新道，高筑堤岸，从此减轻了水患。浑河也因为康熙的一句话，改名为永定河，一直沿用至今。

◎故事感悟

于成龙借康熙欲出游之机将两条河美化成"两条玉带"，诱导康熙皇帝前往该处游玩，让皇帝看到待治理的荒凉景象。于成龙不仅机智，并且机智之下还有难得的忠心。古往今来，为国为民请命的大臣举不胜举，然而如何合理化地请命则成了一个问题，于成龙为后人作出了典范。

◎史海撷英

吏部尚书

吏部尚书掌管全国官吏的任免、考课、升降、调动、封勋等事务，属于吏部

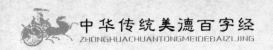
的最高长官，为中央六部尚书之首。史料记载，在唐宋时，该官是正三品，明代是正二品，清代为从一品。人们通常将之称为天官、冢宰、太宰。

◎文苑拾萃

乾清宫

乾清宫是故宫内廷正殿，内廷后三宫之一。面阔9间，进深5间，高20米，重檐庑殿顶。殿的正中有宝座，两头有暖阁。乾清宫始建于明代永乐十八年(1420)，明清两代曾因数次被焚毁而重建，现有建筑为清代嘉庆三年（1798）所建。而乾清宫的用途则是皇帝处理日常政务，批阅各种奏章的地方，后来还在这里接见外国使节。

纪晓岚口出"狂言"

◎没有智慧的头脑，就像没有蜡烛的灯笼。——佚名

> 纪昀（1724—1805），字晓岚，一字春帆，晚号石云，道号观弈道人，历雍正、乾隆、嘉庆三朝，享年82岁。纪昀是清代著名学者，曾任乾隆年间礼部尚书，兵部尚书，左都御史，协办大学士和《四库全书》总纂官。他官位虽大，但为人通达，礼贤下士，人情味很浓，所以交游甚广，其朋友知己、门生故吏不计其数，是乾隆时期公认的文坛领袖。

清代大才子纪晓岚才华横溢，深得乾隆皇帝喜爱。纪晓岚也在乾隆面前无所顾忌，经常口出"狂言"。

有一天，乾隆皇帝带着几个随从突然来到军机处。此时的纪晓岚正光着膀子和军机处的几个办事人员闲聊。其他人老远就看见皇上来了，连忙起身迎上前去接驾。纪晓岚是高度近视，刚开始没看见走在最后面的乾隆，等他明白怎么回事的时候，乾隆就快到了。纪晓岚心中暗想：如果就这样光着膀子接驾，岂不是冒犯龙颜？干脆一不做二不休，纪晓岚趁着别人不注意钻到桌子底下躲了起来。

这一切，早被乾隆看了个真真切切，他心中一阵好笑，有心想"整整"纪晓岚。

乾隆在椅子上坐定，示意其他人都不许出声，很长时间过去了，纪晓岚在桌子底下早待不住了，正好是大夏天，加上厚厚的桌布，把他给热得大汗淋漓。纪晓岚心中纳闷：怎么进来之后就没动静了？这么长时间了，早该走

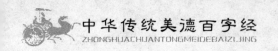
了，该不是已经走了吧，想到这里纪晓岚压低了嗓门，喊道："喂，有人吗？老头子走了吗？"

满屋子的人都听到了，大家忍不住都想乐，一听纪晓岚喊"老头子"，心想这一下子可有好戏看了。

乾隆也听得真真切切，板起脸，厉声喝道："纪晓岚，出来吧。"

纪晓岚一听是乾隆的声音，心想：完了，完了，这回可完了，只好无可奈何地从桌子下钻出来见驾。

乾隆一看纪晓岚光着膀子，满身大汗、惊慌失措的样子，心里一阵好笑：纪晓岚人称大清第一才子，居然这般模样。乾隆故意装作生气的样子，大声喝道："大胆的纪晓岚，你不见驾也就罢了，居然还敢说朕是'老头子'，你什么意思？今天你要讲不清楚，朕要了你的脑袋！"

到了这种境地，纪晓岚反倒镇静了许多，一边擦汗，一边苦思对策。忽然他灵机一动，有了主意，不紧不慢地说道："万岁爷请息怒，刚才奴才称您为'老头子'，只是出于对您老人家的尊敬，别无他意。"

乾隆一听更来气了："尊敬？好，你给朕说说怎么个尊敬法。"

"先说这'老'字，天下臣民每天皆呼皇上万岁、万岁、万万岁，您说这万岁、万万岁算不算'老'啊？"

乾隆没作声，只是点点头。

"再说这'头'字，家有千口，主事一人，如今皇上便是我大清国的主事之人，是天下万民之首，'首'者'头'也。故此称您为'头'。"

乾隆边听边眯着眼睛笑，很是满意。

"至于这'子'嘛，意义更为明显。皇上您贵为天子，乃紫微星下凡。紫微星，天之子也，因此称您为'子'。这便是我称您老人家为'老头子'的原因。"

乾隆听完抚掌大笑："好一个'老头子'，纪晓岚你果然是个才子。"

◎故事感悟

生活中难免会有失言或出丑的时候，谁也不想说错话、办错事，但这些又是不可避免的，人非圣贤，孰能无过？关于做错之后该如何处理，纪晓岚则为我们作出了榜样，切不要就事论事，顺着一条思路走到底，要调整思维，换个角度，另辟蹊径，不但可以替自己打圆场，还能为你的言行平添几分雅趣。纪晓岚过人之处就在于善于触类旁通，机智地将有联系的两个个体有机结合起来，继而为自己的说辞"埋单"，聪明之举由此可看出。

◎史海撷英

《四库全书》的编撰

该丛书于清乾隆时（1772）编纂。后经十年编成。是中国古代最大的一部官修书，也是中国古代最大的一部丛书，分经、史、子、集四部，故名四库。据文津阁藏本，该书共收录古籍3503种、79337卷、装订成36000余册，保存了丰富的文献资料。

◎文苑拾萃

纪晓岚墓

纪晓岚墓地位于今河北省沧县崔尔庄镇北村村南约300米处。该墓地东、南、西南侧是茂密的枣林，北、西北侧是打谷场。数株高大的椿、榆、槐树下有一丘封土，即为纪晓岚坟茔。坟茔向口朝东，注东约3米处竖立墓碑。墓碑为纪晓岚下葬时所立原物。墓碑上刻有嘉庆皇帝御制碑文。墓碑再注东15.6米处竖一通神道碑，神道碑为纪晓岚六代孙纪钜臣于民国九年（1920）重立。目前，该墓已被列入沧州市重点文物保护名单。

刘绍棠不失时机说"真实"

◎智慧是对一切事物以及产生这些事物的原因的顿
悟。——名言

刘绍棠(1936—1997),北京人,出生于河北省通县(今北京市通州区)大运河岸边儒林村的一个普通农家,曾任中国作家协会副主席、北京市人大常委会委员、北京市作家协会副主席、中国文联委员、国际笔会中国中心会员、《中国乡土小说》丛刊主编等职务。

刘绍棠,我国现代著名作家。

有一次,作家刘绍棠在给大学生们讲文学创作时,提到创作的基本要求是一定要坚持原则。

这时,一名女生从座位上站了起来,说:"老师,我有问题要问。"

刘绍棠回答:"什么问题,请讲。"

那名女生问:"真实的是不是存在的?"

"真实的当然是存在的,这是哲学上的基本常识嘛。"

"既然是存在的,就应该是可以表现的,所以只要是真实的就可以表现,就可以写,这难道不是作家所追求的吗?"

刘绍棠听后,没有直接回答,而是对那名女生说:"我想请你走到前面来,记得带你的学生证。"

那名女生走到讲台前,将学生证递给了刘绍棠。

刘绍棠翻开学生证,指着上面的照片问女生:"你为什么不在你脸上长痘时拍个照,然后把照片贴在学生证上呢?"

那位女生不解地问道："为什么？谁会在自己脸上长痘时拍照片，还把它贴在学生证上，那多难看。"

刘绍棠趁机说道："对呀，你不会在脸上有痘时拍照，更不会把这种照片贴在学生证上，这说明你对自己的认识是本质的。因为你是漂亮的，不漂亮只是暂时的，它不是你最真实的面目，所以你不想照相留念，更不想有这样的照片贴在学生证上。同样，我们社会的某些缺点是要批评的，但有些事情是有其特殊原因的，我们的政府自然会去采取措施改正。可是你非要把它揭露出来，这岂不是要政府把长痘时拍的照片贴在工作证上吗？为什么你对自己是那样公正，对政府却是这样的不公正呢？"一席话让那位女生心悦诚服地点了点头。

◎故事感悟

刘绍棠巧妙地通过打比喻的形式，给女生讲明道理，并趁机将话题转移到"到底文学创作该不该坚持原则"上，最终让女生心服口服。由此我们得出一个结论：在劝说他人时，要密切注意对方表情、语气的变化，发现他有所表示时，一定要抓住时机，乘胜追击，直至将他说服。时机稍纵即逝，一旦发现便要紧抓不放，这便要求人要有机智的头脑。刘绍棠为我们做出了榜样。

◎史海撷英

刘绍棠年少有为

1951年，刚满15岁的刘绍棠写出了他崭露头角的小说《红花》。稿件寄到《中国青年报》后，受到该报编委兼文艺部主任柳青的赞赏。经与陈绪宗总编商定，这篇小说被特别安排在1952年元旦刊出，还破格以整版篇幅一次刊发，并加上编者按语大力推荐。这篇小说的发表，引起了文艺界和广大读者注意，刘绍棠由此获得团中央的着重培养。

◎文苑拾萃

《蒲柳人家》

　　《蒲柳人家》是当代作家刘绍棠的代表作，它继承了中国古典小说的许多表现技巧和艺术手法，透过几户普通农家的故事，表现了京东北运河边农民的独特风貌、充满浓郁的民族风格和审美情趣。语文课本曾节选的是小说的前两节。它浓墨重彩描写了三个主要人物：机灵顽皮、充满稚气的 6 岁男孩何满子是小说的主要线索人物，奶奶一丈青大娘和爷爷何大学问是小说的两个主要描写对象。

郑板桥猜姓名

◎事有便宜，而不拘常制；谋有奇诡，而不徇私情。——张昭远

郑板桥（1693—1765），又名郑燮，字克柔，号板桥，江苏兴化人。郑板桥是乾隆时进士，曾任潍县县令。他是中国历史上杰出的艺术名人，"扬州八怪"的主要代表，以三绝"诗、书、画"闻名于世的书画家、文学家。

有一次，郑板桥外出访友，经过一条小河时，正要过桥，冷不防从对面蹿出一条汉子，嬉皮笑脸地张开双臂，拦住了去路。

郑板桥一惊，细瞧此人油头滑脑，衣衫不整，乃属无赖之辈，顿生厌恶之心，便厉声喝道："我们素昧平生，为何挡了去路？"

无赖嘻嘻一笑，油腔滑调地答道："听说足下是位鼎鼎有名的大诗人、大画师，今日无意之中在这里巧遇，实乃三生有幸。幸会，幸会！"

郑板桥不耐烦地回应道："我有要事在身，请足下让路！"

"让路？"这无赖汉子又是嘻嘻一笑，"听说你擅长书画，今天若是能把我的姓氏'画'出来，我便跪着送你过桥！"

自古只有猜姓氏的，哪有画姓氏的？郑板桥急于赶路，也不愿与这无赖论理，便急中生智，随手在空中画了个圆圈儿，冷笑道："这就是你的姓氏。"

无赖误会了，以为郑板桥说他姓"圆"，便讥笑道："先生画错了，我是姓赵！"

郑板桥正色道："一点儿也没错，我这一圈儿是表示赵匡胤一统天下！"

无赖一惊，急忙又改口道："不对，我记错了，我应当姓钱！"

郑板桥不假思索，又脱口对答："铜钱不是圆的吗？"

无赖又是一惊，急忙改口："我说错了，我应当是孙姓！"

郑板桥接上话茬儿："孙膑'围魏救赵'，不就是孙姓吗？"

无赖沉不住气了，干脆一竿子耍到底了："还是不对，我属李姓！"

郑板桥朗朗对答："李子不就是圆滚滚、滑溜溜的吗？"

无赖稍一停顿，又继续纠缠下去："说实话，我是姓周的！"

郑板桥随口回答："一周不就是一圈儿吗？孺子不可教也！"

无赖羞得满脸通红，最后只得道出了自己的真姓："老子坐不改姓，乃是响当当的口天吴也！"

郑板桥哈哈大笑了："真是个蠢货，我这一圈儿不就是代表一个零，而零就是无啊，无的谐音不就是口天吴吗？"

无赖张口结舌，呆呆地瞧了郑板桥半天，只得侧转身子，让出路来，让郑板桥过桥。

岂料，当郑板桥刚刚走过桥去，无赖像又突然记起了什么似的，猛地大喝一声："郑先生，就算你画出了我的姓，还能猜出我的名吗？"

"小事一桩！"郑板桥立在对面桥头，指着无赖，一字一顿地回应道，"你的名字就叫做无（吴）——赖！"

"你……"无赖气得双眼发直，欲骂无词。

郑板桥哈哈大笑，扬长而去了。

◎故事感悟

在极短时间内，由一件事情联系到多件事情，假如没有一点机敏的才智怕是下不来台，而郑板桥却将这些毫不相干的事情有机地牵连到一起，其聪慧机智由此可见一斑。与此同时，也为人们作出了典范。

◎史海撷英

郑板桥嫁女儿

郑板桥嫁女儿，嫁得别创一格，嫁得爽快利落；不比时下婚姻，讨价还价，有辱婚姻的神圣。"板桥有女，颇传父学"。当女儿大到可以嫁人的时候，郑板桥说："吾携汝至一好去处。"郑板桥把女儿带到一位书画至友的家中后说："此汝室也，好为之，行且琴鸣瑟应矣。"一句话交待清楚，转身自去，而嫁女大典，也就此告成了。

◎文苑拾萃

桃叶渡

（清）郑板桥

桥低红板，正秦淮水长，绿杨飘撇。管领春风陪舞燕，带露含凄惜别。烟软梨花，雨娇寒食，芳草催时节。画船箫鼓，歌声缭绕空阔。

究竟桃叶桃根，古今岂少，色艺称双绝？一缕红丝偏系左，闺阁几多埋没。假使夷光，苧萝终老，谁道倾城哲？王郎一曲，千秋艳说江楫。

乾隆巧用暗示化恩怨

◎远离罪恶是美德之初，摆脱愚蠢是智慧之初。——名言

刘统勋（1698—1773），号延清，字尔钝。清内阁学士，刑部尚书。高密县逄戈庄（原属诸城）人，刘墉之父。刘统勋是雍正二年进士，授编修，乾隆年间累官至刑部尚书，工部尚书，吏部尚书，尚书房总师傅，内阁大学士，翰林院掌院学士及军机大臣。刘统勋为官清廉，颇能进谏，参与《四库全书》编辑，并担任《四库全书四》正生总裁，乾隆三十八年卒，谥文正。

一天，乾隆皇帝在新任宰相和珅和三朝元老刘统勋陪同下，在承德避暑山庄的烟雨楼前观景赋诗。

乾隆素闻和珅和刘统勋不合，便有心调和二人。

三人正在欣赏秀丽的山川景色，乾隆突然随口问道："什么高，什么低？什么东，什么西？"

学识渊博的刘统勋当然不会放弃在皇上面前展露才华的机会，抢着回答："君王高，臣子低，文在东来武在西。"

和珅一向以奉迎拍马著称，这次看到有人抢在他的前面，大为恼火，借题发挥道："天最高，地最低，河（和）在东来流（刘）在西。"

河与流明指热河向西流入离宫湖，但暗指自己和刘统勋，并借宫廷礼仪东首为上、西首为下来贬低刘统勋。

刘统勋岂能不知，背着乾隆狠狠地瞪了和珅一眼，心想：老狐狸，走着瞧！

　　三人来到一座桥上，乾隆要求和珅和刘统勋以水为题，拆一个字，说一句俗语，作一首诗。刘统勋心想：机会终于来了。他边走边想，最后开口朗诵："有水念溪，无水也念奚，单奚落鸟变为鸡（鷄）。得食的狐狸欢如虎，落坡的凤凰不如鸡。"

　　和珅听出刘统勋在讽刺自己是鸡，也毫不示弱，便反唇相讥道："有水念湘，无水还念相，雨落相上便为霜。各人自扫门前雪，休管他人瓦上霜。"

　　和珅是在告诫刘统勋最好不要多管闲事，否则也不会有好果子吃。

　　乾隆皇帝也是一代才子，岂能不懂他二人的弦外之音，当即上前每手拉住一人，面对湖水和湖面上三人的合影，说道："二位爱卿听真，孤家也对上一首：有水念清，无水也念青，爱卿共协力，心中便有情，不看僧面看佛面，不看孤情看水情。"

　　和珅与刘统勋二人听罢，心中大为感动，当即拜谢乾隆，握手言和。

◎故事感悟

　　乾隆借景抒情，巧妙地以诗表达了对和珅和刘统勋的不满，要求二人同心协力辅佐朝廷。这就是机智与暗示合二为一的独到之处。可以说，不失时机地巧妙暗示，让对方明白你的话外之音、言外之意，便可于无声无息之中达到目的。而这一切则将乾隆皇帝聪慧的一面凸显无疑，值得大家学习借鉴。

◎史海撷英

编 修

　　一种官名。宋代凡修前朝国史、实录、会要（用于记录一个朝代中各种规程制度及其变化的书）等，均随时置编修官，枢密院也设有编修官，负责编纂记述。明、清属翰林院，职位次于修撰，与修撰、检讨同称为史官慎行、吴锡麒、蒋士铨、翁方纲等，皆曾授编修之任。明、清翰林院编修以一甲二、三名进士及庶吉士留馆者担任，无实职。

◎文苑拾萃

题桐城张相国赐园泛舟图

（清）刘统勋

龙眠山对赐金园，管领烟霞荷厚恩。

今日重开休沐地，白沙翠竹宛江村。

碧流如带隔红尘，画舫兰桡荡绿蘋。

未便一竿江海去，波分太液足垂纶。

凤雏绕膝彩衣斑，问字传经得暂闲。

谷口锦茵花冉冉，林间歌管鸟关关。

石坚水净同标格，丽景秾华信化工。

自喜平泉随草树，年来长是坐春风。

ZHONGHUACHUANTONGMEIDEBAIZIJING

中华传统美德百字经

敏·机敏善识

第三篇

小机智大智慧

乐伯一箭中鹿退追兵

◎智者举事，因祸为福，转败为功。——司马迁

楚庄王（？—前591），又称荆庄王，出土的战国楚简文写作臧王，芈姓，熊氏，名旅（一作吕、侣。先秦时期男子称氏不称姓，所以应该称为熊旅而不是芈旅），谥号庄。楚庄王是楚穆王之子，春秋时期楚国最有成就的君主，春秋五霸之一。庄王之前，楚国一直被排除在中原文化之外，庄王自称霸中原，不仅使楚国强大，威名远扬，也为华夏的统一、民族精神的形成发挥了一定的作用。楚庄王自公元前613年至前591年在位，共在位23年，后世对其多给予较高评价，有关他的一些典故，如"一鸣惊人"等也成为固定的成语，对后世有深远的影响。

在《左传》当中，记载着楚国大将乐伯在仅剩一支箭的情况下智退追兵、返回本营的计策。

在晋楚两国大军相持的一场战役之前，乐伯受楚庄王之命，乘单车去晋营挑战。乐伯连杀晋军数人后，徐徐退归，晋军见状，分路前来追赶。乐伯为了显示自己的手段，他拿出弓箭，故意左边射马，右边射人，使左右两路追兵都不能前进。晋将鲍癸领兵从正后方追来，乐伯一看，自己手头只剩下一支箭了，无论如何也难以射退追兵，心中不免一惊。这时，恰好有一只小麋鹿在战车旁奔跑，乐伯灵机一动，一箭射中麋鹿之背，让随车之人将麋鹿拿去恭敬地献给晋将鲍癸说："狩猎的时令还未到，咱们都吃不上野味，谨将此鹿献给您作为膳食。"鲍癸接受了礼物，劝阻部下说："前面车上的人非常善射，又懂得礼貌，非同一般。"遂不再追赶，乐伯于是平安回营。

对于晋兵的追赶，乐伯本有以箭射退的把握，但手头出乎意料地只剩下了一支箭，这支箭即使射中晋将，也难以遏止晋军的追赶，只能束手待缚。紧急关头，乐伯见景生计，他射鹿相送，示敬拒敌。他通过射鹿，既向晋将显示了自己的武艺手段，又显示了对追兵毫不在意的闲暇心理，这既是对追兵的威慑，又是对他们的心理征服。

在显露了自己的高超射术后，乐伯送麋于敌，示以恭敬之礼，实是在暗示鲍癸：不是我不能射杀晋兵，而是不愿射杀，唯求和好。乐伯欲以示敬的手段弱化或消除与追兵的敌对状态，追兵不知乐伯仅剩一箭的窘境，心惧乐伯射艺，遂顺势接受了乐伯的敬意。

◎故事感悟

箭是用来射人杀敌的，乐伯在自己最需要箭的性命攸关之际，没有把最宝贵的一支箭用来射敌，而是机智地作了一反常态的使用，射鹿退兵，从而死里逃生，真正是大勇中含有大智。在我们日常生活中，经常会遇到类似的事情，不妨考虑一下乐伯的做法，或许会有更大的收获。

◎史海撷英

楚威王徐州之战

公元前334年（楚威王六年），魏惠王至徐州（今山东微山东北）朝见齐威王，尊齐威王为王，齐威王也承认魏惠王的王号，史称"徐州相王"。楚威王对此愤怒已极，第二年，即公元前333年（楚威王七年），即亲领大军伐齐，进围徐州，大败齐国。赵、燕两国也乘机分别出兵攻打齐国，此即"徐州之战"。"徐州相王"，是战国中前期一件大事，它标志着魏国的霸主地位已经丧失，从此战国时代的封建兼并战争已进入了新的阶段。

◎文苑拾萃

楚 辞

又称"楚词"。该文体是战国时代的伟大诗人屈原创造的一种诗体。作品运用楚地（今两湖一带）的文学样式、方言声韵，叙写楚地的山川人物、历史风情，具有浓厚的地方特色。汉代时，刘向把屈原的作品及宋玉等人"承袭屈赋"的作品编辑成集，名为《楚辞》。楚辞是继《诗经》以后，对我国文学具有深远影响的一部诗歌总集，并且是我国第一部浪漫主义诗歌总集。

三击掌知结果

◎机智在于发现不同事物间的相似性及相似事物间的差异。——名人名言

> 甘罗（生卒年不详），战国时楚国下蔡（今安徽颍上）人，战国时代著名大臣甘茂之孙，从小聪明过人，著名的少年政治家。甘罗小小年纪拜入秦国丞相吕不韦门下，做其才客，后为秦立功，被秦王拜为上卿。

甘罗自幼聪明过人，在其5岁时，有一次去演兵场观看兵士们操练，恰巧秦王也在场。秦王有个古怪脾气，喜欢对周围的人提一些很难回答的问题。这回，他瞧兵士们密密麻麻地刚集合好，身后那一大堆武器还没顾得拿，就大声对文官武将们说："你们当中谁能用十击掌的工夫，就查出是兵士多，还是武器多？"

这一问，把满场的文官武将都给难住了，一个个心里直嘀咕：这么多兵士和武器，莫说是十击掌，就是花上半天工夫也难查清啊！因此，谁也不敢吱声。

甘罗见冷了场，便不慌不忙地走上前去，对秦王说："只要兵士们听我的命令，我只用三击掌工夫，准可查出兵士多，还是武器多。"

秦王打量了一下眼前这个乳臭未干的娃娃，起初有些犹豫，但转念一想：如果不依他，恐怕不会再有人敢"出头"了。于是，便板着面孔说："军中无戏言。如果你查不出来，本王可就不客气了！"

秦王的话虽然厉害，但甘罗一点儿也不害怕。他跳到台子上，学着大将

军的样子命令兵士们："我击第一掌时，你们必须立即去取一件兵器，违令者斩！我击第二掌时，所有拿到兵器的人必须火速到我跟前集合，违令者斩！"

兵士们齐声回答："遵令！"

甘罗两击掌后，只见还有几个兵士空手在那儿站着，心里顿时有了底，又一击掌，喊道："大王，兵士多，武器少！"

一时间，整个演兵场响起一片惊讶赞叹之声。秦王更是喜上眉梢，当即封小甘罗为郎中。7年后，甘罗出使赵国立了大功，秦王又破格提拔他为上卿（丞相），并把当年封给甘茂的土地全赏赐了他。

◎故事感悟

甘罗在秦王面前主动请缨，需要的是勇气和智慧，而这一切则源于他对该事的十足把握。在比较兵与兵器之间多少时，甘罗机敏地将两者有机地联系起来，从而使问题迎刃而解。甘罗的机智不仅征服了秦王，也为后人作出了榜样。

◎史海撷英

甘罗巧辩公鸡生蛋

甘罗的父亲在秦国当官。一天，秦王把他叫去说："你在朝居官，朕待你如何？"甘罗的父亲说："王上待我恩重如山。""既然如此，朕让你办点私事，你可情愿？""只要为王上，我死都甘心。""近来朕得了一种病，非吃公鸡蛋不愈。朕限你在三天之内弄几颗公鸡蛋来，否则罚你一死！"甘罗的父亲明知无法弄到，但圣命如山，只得接受任务。回到家中，愁眉不展，唉声叹气。12岁的儿子甘罗便问："父亲今日回到家来，面带忧色，为了何事？"父亲便把事情的经过说了一遍。"爹爹不必着急，第三天孩儿我去替你交差便是了。""公鸡能下蛋？我年岁已高，经事也不少，但真是见所未见，闻所未闻。你年仅12岁，能有何法？总是一个死，还是我去死好了。""请爹爹放心，儿我自有办法。"第三天，甘罗上朝拜见秦王。秦王问："你父为何今日不来朝见？你一个小小孩童来干何事？"甘罗不慌不忙地说："拜告圣上，我父昨晚上生了个小孩，不能上朝，特地让我来请假。"秦王怒气冲冲地说："你简直是胡说！男人怎能生孩子？"甘罗马上说："既然男人不能生孩子，那公鸡岂能下蛋？！"一句话问得秦王哑口无言，答不上话来。皇上见12岁的甘罗有胆有识，便当场封他为丞相。

◎文苑拾萃

偶 题

（唐）杜牧

甘罗昔作秦丞相，子政曾为汉辇郎。
千载更逢王侍读，当时还道有文章。

吕甥机智问答救晋惠公

◎智慧是行为的先驱。——格言

吕省（？—前636），字子金，春秋时期晋国的大夫，《史记》作吕省，《左传》作吕甥。

相传春秋时期，晋惠公夷吾是靠秦穆公的帮助当上国君的。在此之前，他曾经许诺，即位后将把河东五城馈赠给秦国，但回国即位后，晋惠公却反悔了，不肯履行自己的诺言。晋国遇到灾荒，向秦国借粮，秦穆公慷慨相助，但秦国遇到了饥荒，晋国却一粒粮食也不肯救援。因为这两件事，使秦穆公大为恼火，待他度过饥荒后，立即发兵进攻晋国。结果秦国大胜，捉去了晋惠公，晋惠公只好招吕甥来秦讲和，迎还自己。

吕甥奉命至秦，秦穆公在王城会见了他。秦穆公问吕甥："晋国人和睦吗？"吕甥回答："不和。"按一般情况来说，回答"和睦"才对，因为这样可以不向对方暴露自己的短处，从而维护自己国家的尊严。但吕甥却作了反常的回答，这令秦穆公也感到意外，更使他对吕甥的答话发生兴趣。于是秦穆公接着问："为什么不和？"通过这一问，他想听听这位外交家是如何品评自己国家的短处的。然而他错了，吕甥回答"不和"只是虚晃一枪，真相却在后头。

吕甥回答道："小人们羞耻于国君被人捉去，哀悼死于战争的亲人，不怕征税练兵，拥立太子做国君。他们说：'一定要报秦国的大仇，甚至不惜投靠戎狄。'而君子们爱惜自己的国君，并且知道自己的罪过，以等待秦国的命令。他们说：'一定要报答秦国的恩德，即使死了，也不能有二心。'因此，晋国人不和睦。"

秦穆公也不是等闲之辈，当然对吕甥回答的含义听得明明白白。你看晋国的人虽然对秦的态度不同，但"不怕征税练兵"，志在保卫国家的态度却是完全一致的。这不明明是团结一致对外，和和睦睦无间吗？足见吕甥所说"不和"是假，而说"和睦"才真。

那么，吕甥的真招是什么呢？

吕甥借回答"不和"的机会，向秦穆公暗暗抛出了两把"刀子"，一把是"硬刀子"：借小人之口，表达出晋国人不畏强暴、誓死报国仇的决心，以敌秦的姿态要挟秦穆公，迫使其早做放还晋惠公的打算。硬刀虽狠，但弄不好也会适得其反。因此，他同时还使用了一把"软刀子"：借君子之口，以顺眼的言辞，表达出晋国人对秦穆公放还晋惠公的期待。在吕甥软硬两把"刀子"的威逼利诱下，双管齐下，灭了穆公的威风，长了自己的志气。再加上又拉又捧，挑明利害，给秦穆公指明了一条与晋国和好的出路——立即放还晋惠公。

秦穆公听后，衡量一下利弊，于是说道："这正是我的本心啊！"并立即放出惠公，加以厚礼。吕甥取得了胜利。

◎故事感悟

吕甥言在此而意在彼，机敏地对秦穆公婉言相劝，晓以利害，其气魄如同泰山压顶，以势逼人。吕甥巧妙地予以软硬兼施，逼迫秦穆公就范，这不仅仅需要胆魄，更需要一双精明的眼睛与一个机敏的大脑。日常生活中，我们或多或少地遇到类似的事情，如何来应对，吕甥为我们作出了典范，值得我们借鉴。

◎史海撷英

崤之战

崤之战指的是发生于周襄王二十六年（公元前627）的一场晋襄公率军在晋国

崤山（今河南陕县东）隘道全歼秦军的重要伏击歼灭战。

　　春秋中期，秦穆公即位后，国势日盛，意欲图霸中原，但东出道路被晋所阻。公元前628年，秦穆公得知郑、晋两国国君新丧，不听大臣蹇叔等劝阻，执意要越过晋境偷袭郑国。晋襄公为维护霸业，决心打击秦国。为不惊动秦军，准备待其回师时，设伏于崤山险地而围歼之。十二月，秦派孟明视等率军出袭郑国，次年春顺利通过崤山隘道，越过晋军南境，抵达滑（今河南偃师东南），恰与赴周贩牛的郑国商人弦高相遇。机警的弦高断定秦军必是袭郑，即一面冒充郑国使者犒劳秦军，一面派人回国报警。孟明视以为郑国有备，不敢再进，遂还师。

　　后秦军重返崤山，因去时未通敌情，疏于戒备。晋军见秦军已全部进入伏击地域，立即封锁峡谷两头，突然发起猛攻。晋襄公身着丧服督战，将士个个奋勇杀敌。秦军身陷隘道，进退不能，惊恐大乱，全部被歼。

◎文苑拾萃

咏史诗二首

（晋）阮瑀

误哉秦穆公，身没从三良。

忠臣不违命，随躯就死亡。

低头窥圹户，仰视日月光。

谁谓此可处，恩义不可忘。

路人为流涕，黄鸟鸣高桑。

燕丹善勇士，荆轲为上宾。

图尽擢匕首，长驱西入秦。

素车驾白马，相送易水津。

渐离击筑歌，悲声感路人。

举坐同咨嗟，叹气若青云。

司马绍巧妙应答

◎智慧是一个人生命中的光和灯。——名言

晋明帝司马绍（298—325），字道畿。东晋的第二代皇帝，晋元帝之子，庙号肃宗。司马绍为人豪爽，在位期间曾经中兴，可惜在位仅4年，在位期间曾平定王敦叛乱。晋明帝自小聪慧，不但工于书法、礼贤下士而且孝顺，并且司马绍也相当勇猛，王敦以"鲜卑儿"称之。王敦一度想要求晋元帝废除太子，但因为大臣反对而作罢。晋明帝于322年，在晋元帝司马睿死后即位，大赦天下。晋明帝曾经微服乘马密探王敦营垒，并且于太宁二年（324）平定王敦的叛乱。325年，晋明帝病死，年仅27岁，在位4年，葬于武平陵。

晋明帝名叫司马绍，他是东晋开国皇帝晋元帝司马睿的大儿子。

司马绍小时候就聪明机灵，司马睿非常喜欢他，常抱着他放在膝上玩耍。

司马绍6岁那年，有位客人从长安来到琅琊王司马睿家，司马睿抱起膝头上的司马绍，起身关切地问客人："长安现在怎么样了？"

客人长叹一声，说："唉，长安城已被糟踏得不像样了。皇宫荒芜，长满青草，有人竟在里面放马。百姓们缺衣少食，敌人兵马在街市横冲直撞，一片凄凉衰败景象。"

听到这里，司马睿难过地流下了眼泪。司马绍见状觉得奇怪，忙问道："父王，为什么一提起长安，您就落泪呢？"

琅琊王告诉儿子："长安是咱们的老家，连年战乱残破如此，怎能不掉泪呢？"

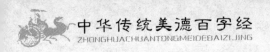
说到这里，又低下头问司马绍："你说说看，天上的太阳、地上的长安，哪个离我们近呢？"

司马绍转了转小眼珠，为了安慰父王思念长安之情，巧妙地回答说："长安近，我只听说客人从长安来，没听说有客人从太阳那儿来啊。"

司马睿听了，很惊异，这6岁孩子竟有这样的分析能力，真不简单。

第二天，琅琊王举行宴会，招待长安来客，司马睿想在众人面前显示一下儿子的聪明，就当着大家的面，又问司马绍："天上的太阳、地上的长安，哪个离我们近呢？"司马绍一听，父亲又拿这个老问题考他。在这宴会的欢乐气氛中，司马绍不愿因长安勾起父王伤心，就调皮地改变答案，故意回答说："太阳离我们近。"

元帝一听这答案不对，特别是当着众人的面，更感到下不了台，于是生气地说："你昨天还回答得好好的，怎么今天又改口了？"

司马绍发现父亲不高兴了，忙又巧妙地指着宫外上空的太阳说："我一抬头就能看见天上的太阳，却看不见地上的长安城，难道不是太阳离我们近么？"

司马睿听后，转怒为喜，深为儿子的妙语折服了。众人听后也赞叹不已。

◎故事感悟

　　司马绍在面对尴尬场面时，能够巧妙运用富有幽默的语言，把玩笑话的内容巧妙地转变成对方可以接受的方式，并随之创造出一种轻松、和谐、愉快的气氛。司马绍随机应变，巧妙地回答问题，足以看出他的机敏。

◎史海撷英

王敦之乱

　　东晋初年，世族军阀王敦篡夺帝位的叛乱。王敦是东晋司徒王导的从兄。东晋建立，他官至镇东大将军，开府、都督江扬荆湘交广六州军事，执掌军事重权，渐有篡位野心。他镇守武昌，位处都城建康（今江苏南京）上游，对东晋政权构成威胁。晋元帝命刘隗、戴渊各率兵万人，分屯合肥、泗口（今江苏清江西南），监视王敦。永昌元年（322），王敦以诛刘隗为名自武昌发兵东下，其党羽江东世族沈充也起兵响应。叛兵攻陷建康，杀戴渊等人。刘隗北逃，投石勒。元帝病卒，晋太子司马绍即位，是为明帝。王敦移镇姑熟（今安徽当涂），自任扬州牧。太宁二年（324）王敦病重，明帝诏王导等率军讨叛。王敦以兄王含为元帅，发兵3万复攻建康。不久，王敦病卒，叛军大溃，余党悉平。

◎文苑拾萃

江行望识舟亭

（清）王士禛

鸠兹北面识舟亭，天际归帆望沓冥。
松竹阴中孤塔白，楼台缺处数峰青。
赭山人去生春草，江水潮回没旧汀。
更忆于湖玩鞭迹，吴波不动客扬舲。

诸葛恪智添字

◎日益其能，岁增其智。——柳宗元

诸葛恪（203—253），字元逊，琅琊阳都（今山东沂南）人，三国时东吴重臣诸葛瑾之子。自己亦是东吴的太傅和权臣，孙权临终时以其为辅政大臣，辅助太子孙亮。孙亮继位后，诸葛恪独揽军政，之后，孙峻发动政变，诸葛恪在酒宴上被孙峻所杀，更被夷灭三族。

诸葛恪小时候就聪明伶俐。其父诸葛瑾是诸葛亮的长兄，在东吴孙权手下任大将军，为人老实忠厚。一天，吴国君主孙权大摆宴席，宴请东吴文武百官。宴会笑声不断，气氛十分融洽、热烈。

忽然，孙权发现官员都在对诸葛瑾开玩笑，一个劲儿地向他劝酒。诸葛瑾不胜酒量，面红耳赤。此时，跟随父亲赴宴的7岁的诸葛恪毫不怯场，落落大方，彬彬有礼地代父亲擎起酒杯向官员们回敬："伯伯、叔叔，来而不往非礼也。你们也喝，你们也喝。"

孙权见状，兴致勃发，突然冒出开玩笑的主意。他当即对左右附耳小声说："如此，如此。"

不一会儿，下人从御花园牵进一头毛驴。那驴脸上挂着个长长的标签，上面写着"诸葛子瑜"四字。

百官看了无不鼓掌，一时哄堂大笑。有些人还朝诸葛瑾的脸上指指戳戳，比比划划。原来诸葛瑾的面相略长，酷似驴脸。

诸葛恪见了十分生气，可表面上却装出一副高兴的样子，跪在孙权面前请求道："大王，请允许我添上两个字，助助雅兴，好吗？"

孙权听后很高兴，当即命令左右捧出文房四宝。

诸葛恪握着毛笔，在标签上加上了"之驴"两字，这下变成了"诸葛子瑜之驴"。

大家一看先是一惊，马上释然，有的赞叹，有的欢笑。

孙权欣喜地拍拍诸葛恪的头，说："真是个讨人喜欢的小机灵鬼！好，这头驴就奖给你们父子吧！"

◎故事感悟

诸葛恪巧添两字变归属，不排斥原意却轻易改变了原意，委实聪颖过人。其实在我们日常生活中，经常会遇到类似的问题，或许当事人多半会恼羞成怒，但其实我们换一种角度来考虑问题，定能在化解危机的同时取得意外的收获，诸葛恪为我们作出了榜样。

◎史海撷英

曹魏灭蜀

在曹魏后期，政权落入司马氏之手。263年，司马昭派邓艾、钟会、诸葛绪率18万大军分兵三路进攻蜀国。钟会的10万大军被姜维阻挡在剑门关外，但邓艾的3万大军自狄道（甘肃临洮）轻装出阴平（甘肃文县），经过无人之地700里，攻入蜀境，破江油、绵竹等地，杀诸葛亮之子诸葛瞻，轻取成都，刘禅降魏，蜀汉灭亡。

熊横三计合用保信用

◎智者不失人，亦不失言。——《论语》

楚顷襄王（生卒年不详），芈姓，熊氏，名横。公元前298—前263年在位，楚怀王之子。熊横做太子时期，在齐国当人质。公元前302年熊横逃回楚国，在楚怀王被困于秦后继位，是为楚顷襄王。楚顷襄王在位期间，淫乐无度，"群臣相妒以功，谄谀用事"。楚顷襄王二十年（前279），秦分兵两路攻楚，一路由白起率军攻陷楚之邓城后，向鄢（今湖北宜城东南）进逼；另一路由秦蜀郡守张若率水陆之军东下，向楚国的巫郡及江南地进军。鄢之战，数十万人被溺死，当时白起引西山长谷水，水溃城东北角，"百姓随水流，死于城东者数十万，城东皆臭，因名其陂为臭池"（《水经注·沔水》）。秦王诈以公主许配给楚顷襄王，屈原长跪城外力谏不果。秦军趁顷襄王开城迎亲，长驱直进，攻入楚京郢都。

楚顷襄王熊横为太子时，曾在齐国作人质。楚怀王去世后，熊横答应割楚地500里给齐国，才得以离开齐国，回国继位为王。之后不久，齐国派人前来索取楚顷襄王原来答应的500里土地，楚顷襄王令群臣献计。上柱国（楚国最高武官）子良入见楚顷襄王说："请先割地给齐国，然后以兵攻之，这样既保全了信用，又显示了武威。"之后大臣昭常入见说："500里土地是楚国之半，因此不能割给齐国，请让我领兵坚守此地。"昭常离去后，第三位大臣景鲤入见说："楚国不割土地给齐国，但楚国不能独立抗齐，请西入秦国求救，以防齐国争夺。"

太傅慎子最后求见，熊横向他介绍了子良、昭常和景鲤三人的计策，并向太傅表示：现在不知道该用谁的计策。慎子听后，向熊横提出了三计合用的策略，并作了相应的安排。于是，熊横首先派子良去齐国献地；第二天任昭常为大司马，让其领兵坚守东部领土；其后又派景鲤西入秦国求救。

子良献地之后，齐国派人来楚国东部接受交割。昭常对齐使说："我奉命坚守此地，誓与此地共存亡，现有甲兵30多万，等待齐兵到来。"齐王闻讯，问子良说："你来献地，昭常却在守御，该怎么办呢？"子良回答说："我奉楚王之命献地，肯定是昭常假冒君命，您可率兵攻夺。"齐王率大兵来攻夺楚地，未入楚界，景鲤请来的50万秦国救兵正在赶赴战场。齐王很恐惧，急请子良回国调解，再也不提索地之事。

◎故事感悟

信奉"人无信不立"这一至理名言的熊横，本已答应齐国的事情不好反悔，于是将三策合一，一手谋划了上述的精彩故事，既合情理又不失地，可谓高明之极。

◎史海撷英

楚顷襄王封春申君

楚顷襄王病得很重，黄歇对应侯说："现在楚王生病恐怕起不来身了，秦国不如让楚国太子回去。太子能当上国君，他侍奉秦国一定很敬重又感激相国您，这就亲近了所结交的国家，又能确定了大国君位的继承人。不让太子回去，那么他就是咸阳的一个平民罢了。楚国会立别人当国君，一定不侍奉秦国，这就失去了所结交的国家，又断绝了大国国君的和好关系，这不是好办法。"应侯把此事奏告了秦王。秦王说："让太子的老师先去问候楚王的病，回来后再谋划此事。"黄歇跟太子商议说："秦国留住太子您，是想要用这种方式求得利益。现在太子的力量不能对秦国有什么好处，可是阳文君的两个儿子在朝廷中。楚王如果去世，太子您不在，阳文君的儿子一定被立为君主，太子您就不能承守宗庙了。不如从秦国逃走，跟使者一起出秦。我请求留下，拼死挡住他们！"太子于是变换服装，替楚国使者驾车而出关，黄歇守候馆舍，常常替太子托病谢绝来访者。估计太子

已走远，黄歇就自己对秦王说："楚国太子已回楚国，出秦国很远了。我愿意被您杀死！"秦王大怒，想要杀掉他。应侯说："黄歇作为人臣，献出自身为他的主人而死，太子当上国君，一定重用黄歇。不如免除他的罪而让他回楚国，以此来亲近楚国。"秦王听从了他的建议。黄歇回到楚国三个月，秋天，顷襄王死了，考烈王即位，他让黄歇作相国，把淮北地封给他，号称春申君。

◎文苑拾萃

阳春白雪

《阳春白雪》曾是中国著名十大古曲之一。相传这是春秋时期晋国的乐师师旷或齐国的刘涓子所作。现存琴谱中的《阳春》和《白雪》是两首器乐曲。原指战国时代楚国的一种艺术性较高难度的歌曲，现比喻高深的、不通俗的文学艺术。

狐偃巧释"土"意激励人心

◎智在于治大。——战国·尉缭

> 狐偃（约公元前715—前629），亦称子犯、舅犯、咎犯、臼犯、狐子。晋文公重耳之舅，故又称舅氏，春秋时晋国的卿。

春秋时期，晋文公重耳在回国执政前，与狐偃等一行数人流亡列国，受尽困窘。有一次，他们路过卫国的巨鹿（今河南濮阳东北），因饥饿难忍，向田间农夫乞讨求食。农夫有心奚落，送给他们土块。重耳大怒，准备用鞭子抽打农夫，狐偃急忙劝阻说："土，是立国的基本。这是上天假手赐给我们的。"于是他们向这位农夫拜首道谢，收下土块，车载而去。

狐偃在君臣一行饥乏交迫并遭受侮辱的情况下，机智地转换角度，以天赐土地之语解释农夫的授土行为，消除了君臣一行的愤恨情绪，极大地激励了君臣对未来前途的信心。

狐偃此策得以形成并能产生效果的关键，在于他对"土"的巧妙解释。"土"是一个多义字，它既可指土壤、泥土，又可指国土、领土。农夫送来土块，重耳见状发怒时，狐偃脑中瞬时完成了两个转换：其一是把土块转换成了"土"字，转形为字；其二是把"土"字的第一义转换成了第二和第三义。前一种转换是合理的抽象，为后一转换准备了前提；后一转换则是巧妙的释字，完成了前一转换的目的。两种转换在表面上毫无夸张，非常得体，没有高超的思维力、机敏的头脑和一定的学识，是无法做到的。

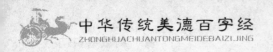

◎故事感悟

狐偃的高明之处在于说出了"土"的抽象意义，从而将羞辱化为激励，起到了一个质的升华。

◎史海撷英

彭衙之战

周襄王二十六年（前265），秦国势力东进受挫，孟明视等所率秦军被晋军全歼于崤山。二十八年春，秦穆公再命孟明视领兵攻晋，以雪崤山战败之耻。晋襄公率军迎战，两军遇于秦西部的彭衙。双方列阵后，晋将狼晖率部下首先冲入敌阵。晋军主力随之发起攻击。秦军大败。同年冬，为进一步遏制秦国势力东进，以巩固晋之霸主地位，晋襄公命大夫先且居率军联合宋、陈、郑军再度攻秦，相继攻克秦邑汪（今陕西澄城西）及彭衙后撤兵。历史上将这次战役称为"彭衙之战"。

◎文苑拾萃

《侯马盟书》

1965年冬，在山西侯马市附近的牛村古城遗址东约4公里的秦村附近挖掘发现了《侯马盟书》。这些盟书是用毛笔蘸朱砂（少数蘸墨）写在玉片、石片上的文字材料，数量达5000余件，其中可以认读的有600余件，距今已有2400余年的历史。史学家分析，《侯马盟书》是晋定公十六年（前496）由晋大夫赵鞅主持，六国在新田进行盟誓的记载。该书内容涉及政治、经济、军事、文化等方面，为今人研究春秋战国时期盟誓制度和书法文字提供了极为可靠的科学资料。

区寄智除二强盗

◎智者弃其所短，而采其所长，以致其功。——王符

　　唐朝时期，郴州地区强盗猖狂，常常依靠高山密林拦路抢劫，绑架、贩卖儿童，无恶不作。地方政府束手无策。周围的人们提心吊胆，无比恐惧。

　　一天清晨，一个名叫区寄的小孩到山上放牛，刚转过山脚，只听一声怪叫，从树林中冲出一高一矮两个凶神恶煞般的强盗。高个子手拿明晃晃的尖刀，逼在区寄的胸前，恶狠狠地说："小东西，乖乖地跟我们走，否则……"说着，把刀贴在区寄的脸上，阴森森地怪笑。随后，两个强盗用布堵上区寄的嘴巴，用绳子绑住他的双手，拉起他向树林深处走去。

　　区寄边走边想，怎样才能摆脱这两个强盗呢？凭力气自己不是强盗的对手；不能强攻，只有智取，必须等待时机，出其不意地逃脱魔掌。想到这儿，他便装出非常害怕的样子，还呜呜咽咽地抽泣着。

　　两强盗见此情形，认为区寄也和以往被抓的孩子一样，只会发抖和哭泣，便放松了警惕。

　　又走了一会儿，两人把区寄放在路边，拿出酒瓶，坐在树下大吃大喝起来，很快就喝得醉醺醺的了。高个子站起来说："我到集上去找个买主，你看好了，别让他跑掉。"说完，摇摇晃晃地走了。矮个子看了一眼瘫坐地上的区寄，把刀扔在一边，靠着大树，"呼噜呼噜"地睡着了。

　　区寄见强盗一走一睡，知道逃跑的机会来了，他悄悄地站起来，轻轻走到刀旁，把捆着双手的绳子放在刀刃上，用身体压住刀把，用力磨着，片刻绳子就断了。区寄急忙站起来，抓起钢刀，照着强盗的咽喉砍了下去，强盗没来得及反抗，就死去了。

杀了这个强盗，区寄连忙向来时的路跑去。不料，高个子强盗偏在这时赶了回来，看到同伙被杀，气急败坏地去追赶区寄。不幸年幼体弱的区寄再次落入强盗手中。

高个子把区寄押回原地，望着矮子扭曲的脸，恶狠狠地说："小东西，我非宰了你不可！"说着举刀要砍。

"慢着，先生请不要发火，你杀我易如反掌，可杀了我你还拿什么换钱呢？不白跑了一趟吗？再说我杀死矮子，对你并没坏处呀！原来我属于你们两人，现在他死了，我属于你自己了，你不是可以得双份的钱了吗？你只要对我好点，我什么都听你的。"

高个子听此话后想：是呀，矮子死了，少个分赃的，卖孩子的钱全归我自己，是不错！想到这儿，他收起尖刀，埋好矮子，带着区寄继续赶路。

来到集市，天已黑了，高个子只好带着区寄到一所破旧的旅店住下。

夜里，区寄被一阵鼾声惊醒，睁眼一看，高个强盗睡得像死猪一样。有了矮子的教训，他把刀枕在了头下。

区寄向四周一看，发现墙角的油灯还亮着，他蹑手蹑脚地走过去，把被绑的双手伸向微弱的火苗，火烤着他稚嫩的皮肤，痛彻心扉，他咬紧牙关忍受着。好不容易把绳子烧断了，区寄自由了。他小心地走到强盗身边，谨慎地取出钢刀，照准强盗的胸口，用力刺了下去，一声惨叫，高个子挣扎了几下死了。

可恶的强盗被杀死了，区寄紧张一天的心终于松弛了，望着破烂不堪的屋子，他不由想起了温暖的家，禁不住哭了起来。

睡梦中的人们被哭声惊醒，都跑来探问，区寄向人们讲了事情的经过，并请大家带他到官府报案。

州官问明了缘由，大大地夸奖了区寄，并派人把他送回家中。

◎故事感悟

区寄的故事告诉人们一个普遍的道理，再强大的敌人也不是无懈可击的，只要有信心、有勇气，充分发挥才智，冷静观察，相机而动，就能够出奇制胜，战胜敌人。

◎史海撷英

郴州历史

郴州历史悠久，源远流长。城东北郊有一弯弯曲曲、绕城而过的小河，名叫郴江。自秦以来，郴州即为历代县、郡、州、府的政治、经济文化中心，已具有2000多年的历史。宋时，诗人秦观被贬湘南，阪居旅驿，作《踏莎行·郴州旅舍》一首，留下"郴江幸自绕郴山，为谁流下潇湘去"的名句。词虽主体伤感，却也有情有景，情景交融，自此，郴州之名更为天下人传颂。

◎文苑拾萃

安仁赶分社

安仁赶分社始于宋朝，是为纪念炎帝神农而流传下来的民间盛会，属全国独有的民俗节日。每年农历春分节前后，四面八方的人们齐集安仁县城，进行祭祀炎帝和中草药材、谷种、农具、农副产品、竹木器等商品交易活动。赶分社期间，草药市场上摆满从全国各地甚至东南亚各国采集而来、涉及数百科近千种的中草药。近些年来，当地政府以"分社"搭台，经贸唱戏，"兴千年药市，招天下客商"，使赶分社这一传统习俗焕发出勃勃生机。

崔庆远机辩

◎智慧是宝石，如果用谦虚镶边，就会更加灿烂夺目。——名言

　　南齐明帝建武元年（494）十月，被封为宣城王的萧鸾又把刚当了三个月皇帝的萧昭文贬为海陵王，自己做了皇帝。北魏孝文帝拓跋宏决定以此为借口，讨伐南齐。南齐明帝建武二年（495）春天，他亲自率领30万大军，浩浩荡荡地渡过淮河，进逼寿阳。在寿阳城下，他派人传唤南齐的官员出来对话，以使南下入侵更加名正言顺。

　　豫州刺史、丰城公萧遥昌便派参军崔庆远出城应对。

　　崔庆远来到拓跋宏面前，在马上作了个揖，问："陛下，贵军远道而来，涉足我朝领土，不知因为什么原因？"

　　"原因当然有。"拓跋宏说，"不知崔参军希望朕直言不讳呢，还是留点面子？"

　　"我不知陛下的来意，当然希望直截了当。"

　　"请问参军，宣城王为什么要连续废去两个皇帝，自立为君呢？"

　　"废昏君，立明主，自古皆然，陛下有什么不可理解的呢？"崔庆远笑了。

　　"武帝的子孙难道都没有了吗？"拓跋宏提高嗓门质问道。

　　"有七个亲王因为制造骚乱，已经像周代的管叔鲜和蔡叔度一样伏法了，其余的20多位有的在朝廷担任清贵显要的职务，有的在州郡镇守一方。"

　　"宣城王为什么不从近亲中选立皇帝，自己做个周公，而要自己当皇帝呢？"

　　"周成王有亚圣的品德，周公这才能辅佐他。本朝先帝的近亲中没有周成王。汉代霍光也是舍弃汉武帝的近亲，立汉宣帝刘询，就因为刘询有贤德。"

　　拓跋宏听到这里，目光一闪，马上追问："霍光为什么不自己当皇帝？"

崔庆远应声回答："霍光姓霍不姓刘。本朝主上可比汉宣帝，不可比霍光。想当年，周武王伐纣，也没立纣王的近亲，难道周武王也大逆不道吗？"

拓跋宏哈哈大笑，他十分佩服崔庆远的口才，这样争论下去，显然对他不利。

"崔参军，朕本来是兴师问罪的。"他爽直地说，"听你一说，心里亮堂了许多。"

"是吗？"

"是，是这样……"

"陛下，恕外臣冒昧，'知可而进，知难而退'，这样的人算得上圣人的老师。"崔庆远说。

"你是否希望和朕和睦相处？"拓跋宏问。

"陛下，"崔庆远不卑不亢地回答，"和睦相处，两国交欢，百姓受益。否则，战端一开，必使生灵涂炭。眼下能否和睦相处，全看陛下的了。"拓跋宏听了很高兴，马上赏赐崔庆远酒菜和衣服，并让他返回寿阳城。同时，他决定放弃寿阳，转战他处。

◎故事感悟

好口才除却言辞犀利到位之外，关键要机敏善识，不然再美的词语也无济于事。崔庆元抓住宣城王自封皇帝名正言顺为由不放，进而令拓跋宏敬而远之，这对今天的我们同样有着深刻的指导意义。

◎文苑拾萃

胡　服

胡服是古代诸夏汉人对西方和北方各族胡人所穿的服装的总称，即塞外民族西戎和东胡的服装，与当时中原地区宽大博带式的汉族汉服有较大差异。后亦泛称汉服以外的外族服装。胡服一般多穿贴身短衣、长裤和革靴，衣身紧窄，活动便利。

狄仁杰智煞歪风

◎知能谋，力能任。——韩愈

狄仁杰（630—700），字怀英，唐代并州太原（今山西省太原南郊区）人；唐（武周）时杰出的政治家，武则天当政时期宰相。举明经。历官并州都督府法曹、大理丞、侍御史、宁州、豫州刺史，武则天即位，任地官侍郎、同凤阁鸾台平章事，后为来俊臣诬害下狱，贬彭泽令，转魏州刺史，神功初复相，后入为内史，后又封为梁国公。在武则天当政时，以不畏权贵著称。

狄仁杰是唐（武周）时杰出的政治家，武则天当政时期任宰相。

在唐高宗李治驾崩后，胆识过人、才貌出众的武皇后实行文治武功，迅速扫清一切政敌，从容登上皇帝宝座，打破了几千年男尊女卑的传统，首次使男人们跪倒在女人的脚下，山呼万岁。

初登皇位的武则天，改国号为“周”，自立为武周皇帝。她重视农桑，任人唯贤，实行比较开明的政策。社会经济与文化也因之得到了空前发展，使唐初以来的贞观盛世进入巅峰时期。随着功成名就，武媚娘的野心日益膨胀，总想一揽天下，为此，她自己造了一个“曌”字，取名“武曌”，意思是：我武媚娘要像日、月一样，映照四方。

慢慢地，她开始居功自傲，听不进忠直之言，并任用一些善于阿谀奉承、溜须拍马的诸佞小人。一时间，忠臣被贬杀，小人步青云，朝野内外，人人自危。

刚直不阿的宰相狄仁杰看在眼里，恨在心中，决心要找机会教训一下奸佞的小人，煞一煞日甚一日的献媚、进谗歪风。

一天，几个玩弄文字的大臣为了迎合武则天改字，讨她的欢心，向武则天进言："女皇称帝，亘古未有。因此，国家的'国'字理当改一下，才能够区别于从前的国家。"

武则天听了，非常高兴，于是降旨："你们说得很有道理，很合我心，我命令你们，三日内把'国'字改好。"

几个文人接旨后，欣喜若狂，终于有了讨女皇帝欢心的机会了。

回府后，几人绞尽脑汁、挖空心思地连夜商讨，还真的改成了。

第三天早晨，几个文人兴高采烈地来到金殿，高呼"万岁，万万岁"，递上了奏本。

武则天一看，奏折上的"国（國）"字中的或改成了"武"字，一个文人上前解释道："奏明女皇万岁，我们把'武'字写入'口'中，寓意是：武家坐镇江山，千秋万代，天下永属武家。"

武则天听了，非常高兴，正要下旨嘉奖他们，忽见老宰相狄仁杰上前奏道："启奏陛下，老夫记得'囚犯'的'囚'字是把'人'圈在'口'内，就成为囚犯；如果要把'武'字圈入'口'中，这不是想要把陛下您变成囚犯吗？"

武则天听后，若有所悟："狄大人说得正确，这样改'国'，不是图谋不轨、犯上作乱吗？拉出去斩首示众。"

随后，另一文人又上前奏道："启奏皇上，武皇威震天下，理应统治八方，故应把'八方'放入'口'内。"

武则天用手比划着该字，喜笑颜开地说："这回么，很合我意，我赏你……"

"这样还是不可以。"未等武则天说下去，狄仁杰又奏道："此种改法，更是不妥。"

"还是不行，又怎么了，狄大人？"狄仁杰两次阻拦，武则天有些不高兴了。

"若把'八方'放在'口'内，不是要引八方豺狼入室吗？这就意味着，国内空虚，众多小国入侵中原，那陛下还怎么稳坐江山？"

"大胆奴才，竟敢改字来诅咒我，推出去，斩了！"

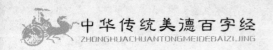
武则天听了狄仁杰的解释，怒不可遏地把这个献媚的人也杀了。

武则天深信狄仁杰的解说，连斩二人，其余想以改字讨好女皇的文人都很畏惧狄仁杰的机敏强辩，个个闭口无言，心惊胆战，急忙跪地求饶。

武则天余怒未消，下令将他们全部革职，发放边远地区，永远不许返回京都。

狄仁杰靠着出众的才华和超人的智慧，巧妙地借题发挥，因势利导，严惩了谄媚的人，捍卫了忠直正气。

◎故事感悟

狄仁杰以机敏的才智后发制人，狠狠地打击了官场小人的卑鄙行径，肃清了朝廷风气，可叹可敬。人们在感叹其忠心为国的高尚道德情怀的同时，也钦佩其惊人的才华以及机敏的反应力。

◎文苑拾萃

桥 陵

位于今陕西渭南市蒲城县城西北 15 公里的丰山。桥陵以山为冢，在山腹开凿地下宫殿，在地面上绕山筑城，四面各开一门，陵园周长约 13 公里，因建于开元盛世，各种设施十分崇厚。距今已历经 1270 多年风蚀雨剥，但所保留的 40 多尊巨大石刻：石华表、石鸵鸟、石马、石人、石狮等，依然眉目清晰，生动自然。石雕排列成行，气势磅礴，蔚为壮观，堪称盛唐石刻艺术的露天展览馆。

戴大宾八岁对句

◎高山上有金和银，人群里有聪明人。——格言

戴大宾（1489—1509），字宾仲、寅仲。福建莆田人，明正德三年（1508）探花，授翰林院编修。史料记载，戴大宾3岁就学背诗文，5岁便能吟诗作文，尤善联诗作对，被称为神童。他会试第二，殿试第三，年仅20岁，被称为少年进士，他的殿试策卷一经刊出便流播海内。刘瑾欲招戴大宾为侄女婿，戴大宾执意不从，每日里纵酒狂醉，且假借酒力，谩骂刘瑾。刘瑾十分恼火，遂绝婚。恰遇母亲去世，戴大宾急奔家乡，后死于途中。

明代冯梦龙在《古今谭概》中，叙述了明代人戴大宾小时候善于对句的故事。

戴大宾是福建莆田人，他小时候就读过许多书，知识面广，而且善于对句，妙语连篇。

戴大宾8岁那年，有次到书院游玩，主持书院的老师听说这孩子小小年纪还会对句，有些不信，想试他一试，于是就手指大厅中的椅子，出了句对联：虎皮褥盖学士椅。

没想到戴大宾随口回答：兔毫笔写状元坊。

戴大宾出口不凡，8岁孩子就有夺状元的雄心，令这位考师连声称奇。

那时，每三年在省城举行一次乡试，考中的称举人。戴大宾13岁那年也去投考，结果竟然考中了举人。

一天，有位贵老爷来看望戴大宾的父亲。他看见一位儿童在庭院里玩，

以为这孩子不过是初识字而已，就出了"月圆"这两个字的简单对子考孩子。

戴大宾想："你也太小瞧我了，出这样浅的对子让我对。我不妨捉弄他一下。"

于是，戴大宾答道："风扁"。

贵老爷听后不理解，问："风怎么成扁形呢？"

戴大宾解释说："风连侧缝也能进去，不扁能成吗？"

贵老爷又出一对子："凤鸣"。

戴大宾回答："牛舞"。

贵老爷一听又糊涂了，问："牛怎么会跳舞呢？"戴大宾又解释说："古书讲'百兽率舞'，牛难道不包括在其中吗？"

贵老爷一听，大加赞叹："对，说得有理！"他一打听，才知道这位年仅13岁的孩子已是个举人了。

其实戴大宾的对语，对这位老爷还含有讽刺意思，"风扁"是讽刺这位贵老爷从门缝里看人，将人看扁了；"牛舞"是讥讽对方像牛一样。不过这位官老爷可一点都没听出来。

◎ 故事感悟

有一位语言大师说过："巧妙的语言在于绝对不要回答那些虚拟的话，而要把握住语言与事物之间的联系……"戴大宾的应对巧妙而求实，在于他的语言能够迅速地同某一贴切的事物联系到一起，既让对方觉得言之有理，又达到了讽刺对方的目的。

◎ 史海撷英

戴大宾善对

戴大宾善对令不少才人都想当面一试。一日，戴大宾欲往阔口舅家做客。当他途经阔口桥时，忽见桥头有人拦住他的去路。心想：莫非又有人给我出难题了？

果不其然，其中有一书生模样的年轻人打拱作揖道："请问您就是戴大叔吗？""在下便是，有何见教？""久仰大名，小生只是想向您讨教一下，不知您肯赏脸否？""好，但说无妨。""那就恕我冒昧了，"小生指着阆口说出了上联："地名阆口何无舌？"了不起，端得出的好对呀！赞叹之余，戴大宾不免生出些许忧虑，心想说什么也不能栽在这个后生手里。就在他犯难的当口，猛抬头看见眼前的壶公山，立即茅塞顿开，朗声答道："山号壶公岂有须。"如此工整的对仗，堪称珠联璧合，无可替代。

◎文苑拾萃

咏九鲤

（明）戴大宾

云霞莽相逐，水天同一色。

何处有瑶花？湖空秋月白。

丁鹤亭碎鼻救人

◎如果你追踪机智，结果却会抓住愚蠢。——谚语

丁鹤亭（生卒年不详），幼年入宫，官至内府郎中。

　　丁鹤亭在幼年时被选入皇宫内廷，长大后任内府郎中。清太祖努尔哈赤很信任他，常让他在身旁侍候。

　　努尔哈赤的弟弟恭王病死，太祖闻讯后即赶去奔丧。到了王府，太祖责问恭王府的长史、总管，为何不先奏报。两人说："恭王临终前说过，'我受皇帝大恩未报，如果皇帝知我病重，必来探视，增添他的悲痛，我于心不忍。不如等我死后，再奏报皇帝也不为迟！'因此，我们不敢违抗恭王的命令。"太祖听了这番话，十分伤感。

　　恭王府长史和总管走后不久，太祖想起爱弟病逝之死，又悲伤起来，继而大怒，对丁鹤亭说："你去问他们两人，他们既然不敢违背恭王的命令，如此忠诚，何不与他们的主子同死！你前去叫他们速死，不要玷污我的宝刀！"

　　丁鹤亭速速来到恭王府，对长史、总管宣读圣旨。然后，假装怒气冲天的样子，奋起双拳痛打二人，打得他们鼻孔出血，才回皇宫禀报。太祖问："二人死了吗？"丁鹤亭答："以臣看，是必定死了；即使不死，被臣打到要害处，也一定活不成了。"太祖派人前去察看，见鲜血流了满地，气也消了，就不再问此事。

　　后来，丁鹤亭对知心朋友说："皇上手足情深，一时激动发怒，我如果顺

着皇上当时的旨意杀了这两个人，过后皇上必然后悔，因为我深知皇上是很仁慈的，每次见受刑的人被打出血来，他都背过脸不忍再看。你仔细想一想，如果我真的照旨办事，不但恭王府的那两个人要死，而且过后我也没有好下场。"这位知己听后，对丁鹤亭说："你了解皇上的脾性，才施出这条'碎鼻计'，既救了那两个人，也保全了自己。"

◎故事感悟

丁鹤亭在违背太祖指令的前提下，挽救了恭王府的长史、总管，可谓是一箭双雕。丁鹤亭深信太祖的品性，因而机智地将该事冷处理掉了。倘若推而广之，在现实生活中，我们一旦遇到类似的事该如何处理呢？丁鹤亭为人们作出了榜样。

◎史海撷英

八旗制度

明万历二十九年（1601），努尔哈赤建立黄、白、红、蓝四旗，称为正黄、正白、正红、正蓝，旗皆纯色。四十三年，努尔哈赤为适应满族社会发展的需要，在原有牛录制的基础上，创建了八旗制度，即在原有的四旗之外，增编镶黄、镶白、镶红、镶蓝四旗。旗帜除四整色旗外，黄、白、蓝均镶以红，红镶以白，把后金管辖下的所有人都编在旗内。其制规定：每300人为1牛录，设牛录额真1人；5牛录为1甲喇，设甲喇额真1人；5甲喇为1固山，设固山额真1人。据史籍记载，当时编有满洲牛录308个，蒙古牛录76个，汉军牛录16个，共400个。此时所编设的八旗，即后来的满洲八旗。清太宗时，又建立蒙古八旗和汉军八旗，旗制与满洲八旗同。八旗由皇帝、诸王、贝勒控制，旗制终清未改。

◎文苑拾萃

恭王府

恭王府前身为"和第"，即和珅府第。1851年，清末重要政治人物恭亲王奕

诉成为这所宅子的第三代主人，改名恭王府，恭王府之名由此沿用至今。史料记载，民国初年，这座王府被恭亲王的孙子溥伟以40万块大洋卖给教会，后由辅仁大学用108根金条赎回，并用做女生学堂。新中国成立以后，王府曾为公安部宿舍、风机厂、音乐学院等多家单位使用过。

恭王府是我国保存最为完整的王府建筑群，分为府邸和花园两部分，府在前，园在后。王府占地约3.1万平方米，分为中、东、西三路建筑，由严格的轴线贯穿着、多为四合院落组成。府邸不仅宽大，而且建筑也是最高规制。明显的标志是门脸和房屋数量。亲王府有门脸五间，正殿七间，后殿五间，后寝七间，左右有配殿，低于亲王等级的王公府邸决不能多于这些数字。房屋的形式、屋瓦的颜色也是不能逾制的。恭王府的中、东、西三路各有三个院落，其中每一路的后两个院子是人们游览的主要区域。

张嘉言软硬兼施减军粮

◎天空的彩虹，用手抓不住；聪明的人儿，用嘴难不住。——名言

张嘉言（生卒年不详），据史料推算当生活在明朝。

张嘉言驻守广州时，沿海一带设有总兵、参将、游击等官职。总兵、参将部下各有数千名士兵，每天的军粮都要平均分为两份。

参将的士兵每年汛期都要出海巡逻，而总兵所管辖的士兵都借口驻守海防，从来不远行。等到每过三五年要修船不出海时，参将部下的士兵只发给军粮的一半。如果没有船修而不出海，就要每天减去军粮的三分之一，以贮存起来待修船时再用。只有总兵的部下军粮一点也不减，当修船时另外再从民间筹集经费。这种做法已沿袭很久，彼此都视为理所当然。

不料，有一天，巡按将此事报告了军门，请求以后将总兵部下的军粮减少一些，留待以后准备修船时再用。恰巧，这位军门和总兵之间有矛盾，于是就仓促同意削减军粮。

总兵各部官兵听到消息后，立即哄然哗变，他们知道张嘉言在朝廷中很有威信，就径直围逼到张嘉言的大堂之下。

张嘉言神色安然自若，命令手下人传五六个知情者到场，说明事情真相。士兵们蜂拥而上，张嘉言当即将他们喝下堂去，说："人多嘴杂，一片吵闹声，我怎么能听清你们说些什么。"

兵士们这才退下。当时正下大雨，兵士们的衣服都淋湿了，张嘉言也不

顾惜，只是叫这几个人将情况详细说明。这几个人你一言我一语，都说过去从来没有扣减总兵官兵军粮的先例。

张嘉言说："这件事我也听说了。你们全都不出海巡逻，这也难怪上司削减你们的军粮了。你们要想不减也可以，不过那对你们并没有什么好处。上司从今以后会让你们和参将的士兵一样每年轮换出海巡逻，你们难道能不去吗？如果去了，那么你们也会同他们一样，军粮会被减掉一半。你们费尽心机争取到的东西还是拿不到的，肯定要发给那些来替换你们的士兵。如果是这样，你们为什么不听从上司将军粮稍微减少一点呢？而你们照样还可以做你们大将军的士兵，你们再认真考虑一下吧！"

这几个人低着头，一时无法对答，只是一个劲地说："求老爷转告上司，多多宽大体恤。"

张嘉言问："你们叫什么名字？"

他们都面面相觑不敢回答。

张嘉言顿时骂道："你们不说姓名，如果上司问我，'谁禀告你的？'让我怎么回答！"

这几个人只好报了自己的姓名，张嘉言一一记下，然后，对他们说："你们回去转告各位士兵，这件事我自有处置，劝他们不要闹了。否则，你们几个人的姓名都在我这儿，上司一定会将你们全部斩首。"

这几个人顿时吓得面容失色，连连点头称是，退了出去。

后来，总兵部下的士兵每日被扣军粮银一事，士兵们竟然再也没有闹事的。张嘉言的这招恩威并施堪称经典。

◎故事感悟

灯不拨不亮，理不说不明。先把道理说透彻，讲个明白，如果还是达不到目的，那么，就要毫不留情地告诉他会出现什么样的后果。张嘉言机敏地从心理上先压制住对方，从局势上控制住对方，使对方明白如果不按照你所设计的去做，最终就有百害而无一利，逼对方上"梁山"。该方略值得借鉴。

◎史海撷英

总 兵

一种官职名。明朝时期，总兵为无品级之武官官名，其统辖兵士、编制定员、位阶皆无一定，通常为公侯或地方都督兼任。清朝之后，军权归为各省巡抚提督之文官，而听从巡抚提督之总兵武官则改为正二品，视驻地，统辖兵员多寡相差甚多，大约于1.5万名至数百名之谱。一般而言，清朝于全中国设有总兵定员83名，其中，陆路总兵约占70名，水路则为13名，统辖中国18省614防营约63万兵力。就台湾而言，20世纪之前，台湾总兵受台湾道节制，统辖部队称台湾镇，官衔亦称台湾镇总兵，人数则在1万名至1.5万名左右。清代总兵为绿营兵正，官阶正二品，受提督统辖，掌理本镇军务，又称"总镇"。其直接统辖的绿营兵称"镇标"。清初，总兵无定品，系左右都督、同知各衔，乾隆十八年（1735）始定品轶。京师步兵营有左、右翼总兵，为步兵统令佐官。清末，北洋水师亦有左、右翼总兵，各统铁甲舰为领翼队长。

◎文苑拾萃

使至广州

（唐）张九龄

昔年尝不调，兹地亦邅回。
本谓双凫少，何知驷马来。
人非汉使橐，郡是越王台。
去去虽殊事，山川长在哉。

郑板桥改诗

◎巍峨的山峰离不开云雾，聪明的人儿离不开读书。——名言

郑板桥（1693—1765），名燮，字克柔，号板桥。江苏兴化人。他3岁丧母，是靠穷苦的奶妈费氏抚养成人的。郑板桥长大后，先是以卖画为生，后在穷朋友的帮助下开始读书。郑板桥43岁时，考中了进士，随后担任了山东范县（现属河南）知县。

清代书画家、文学家郑板桥，是江苏兴化县人。兴化县城东门外有一座木板桥，他很喜爱这座木板桥，所以自号为"板桥"。

郑板桥出身于书香门第，他自幼天资聪颖，善于独立思考。10岁的郑板桥还在县城读私塾时，就深得老师的喜爱。

一天，老师带着小板桥，兴致勃勃地到郊外去游春。他俩沿着一条小溪漫步，一路上春风拂面，花繁树青，风景十分优美。走了一会儿，他俩就在一座小桥边坐下休息。

忽然，郑板桥喊了起来："老师，你看，水中有个死人！"

老师一看，桥下河边果然有一具女尸在水面上漂浮。那女子身穿红色外衣，仰面朝天，散乱的头发随波浮动，粉红的容颜还未变色，看来是刚淹死不久的。老师是位善心肠人，他怜悯这位年轻姑娘的夭折，含着眼泪随口吟了一首诗：

> 二八女多娇，风吹落小桥。
>
> 三魂随浪转，七魄泛波涛。

郑板桥低头品味着老师作的诗，又仔细望着河边的女尸，沉思不语。

老师问郑板桥："你觉得这四句诗怎么样？"

在老师目光的督促下，郑板桥抬头反问道："老师，你认识这个少女吗？"

老师不解地摇了摇了头。

"那你怎么知道她是'二八女多娇'，正好是16岁呢？"

"问得好，你接着讲！"老师点了点头。

郑板桥接着又说："老师既不知女尸的来历，又怎么知道她是'风吹落小桥'的呢？又怎么看见她的三魂七魄随波浪转悠呢？"

老师被郑板桥问住了，觉得这个10岁的孩子确实聪明伶俐。他用期待的目光说："那么，你看这首诗该怎么作呢？"

"老师一定要学生试试，我就试试。改得不对，请老师指教。"说罢，郑板桥吟道：

> 谁家女多娇，何故落小桥？
>
> 青丝随浪转，粉面泛波涛。

老师听了，连连点头说："好，改得好！你用'谁家'代替'二八'，用'何故'代替'风吹'，真实而又含蓄，表现了初见女尸的人必然会产生的疑问。我说的'三魂'、'七魄'是看不见摸不着的，你改作'青丝'、'粉面'既具体又形象，并且抓住了女尸的特点，比我的原诗好多了。这真叫'青出于蓝而胜于蓝'啊！"

◎故事感悟

10岁的郑板桥能改出如此贴切、生动的诗，的确是聪慧不凡。"聪慧"一词的含义比较广，而小郑板桥的聪慧恰恰体现出这两字更确切的含义，那就是快速观察事物的能力和善于独立思考的精神。郑板桥后来之所以成为卓越的文学家、艺术家，是与他的聪慧分不开的。

◎史海撷英

郑板桥扬州卖画

由于生活困苦，郑板桥在30岁以后即弃馆至扬州卖画为生，实救困贫，托名"风雅"。在扬州卖画10年期间，也穿插着一些旅游活动。不幸的是，徐夫人所生之子去世，郑板桥曾作诗以致哀。32岁出游江西，于庐山结识无方上人和满洲士人保禄。出游北京，与禅宗尊宿及其门羽林诸子弟交游，放言高论，臧否人物，因而得狂名。在名期间，结识了康熙皇子、慎郡王允禧，即紫琼崖主人。

35岁客于通州，读书于扬州天宁寺，手写《四书》各一部。37岁时作《道情十首》初稿。39岁，徐夫人病殁。郑板桥十载扬州，结识了许多画友，金农、黄慎等都与他过往甚密，对他的创作思想乃至性格都有极大的影响。

◎文苑拾萃

莫愁湖

（清）郑板桥

鸳鸯二字，是红闺佳话，然乎否否？多少英雄儿女态，酿出祸胎冤薮。前殿金莲，后庭玉树，风雨催残骤。卢家何幸，一歌一曲长久！

即今湖柳如烟，湖云似梦，湖浪浓于酒。山下藤萝飘翠带，隔水残霞舞袖。桃叶身微，莫愁家小，翻借词人口。风流何罪？无荣无辱无咎。

机智的杨秀清

◎智慧不是来自大自然的恩赐。——格言

> 杨秀清（1821或1823—1856），原名嗣龙。广西桂平紫荆镇平隘新村（今东王冲）人。客家人，依靠耕林烧炭为生。杨秀清是太平天国重要领袖之一，被天王洪秀全封为五王之一的东王，称九千岁，后在1856年的"天京事变"中被杀。

1847年7月，广西紫荆山区拜上帝会处于困难时期。

已经半夜了，四周一片沉寂，只听见草虫儿在鸣叫，杨秀清在床上烦躁地翻来覆去。他有几天几夜没有合眼了，眼睛熬得通红，脑子"嗡嗡"响。想到拜上帝会目前的处境，他心里火烧火燎的，怎么也睡不着觉。

是啊，"三兄"冯云山被地主武装团练逮走了，"二兄"洪秀全去广东还没有回来，拜上帝会的会众群龙无首，坏人乘机煽动退会。这种状况如果不能及时扭转，拜上帝会必将陷于瓦解，紫荆山的革命事业就会半途而废。在这个关键时刻，他这个"四兄"负有完全的责任。这些事杨秀清想过了千百遍，就是想不出一个有效的应急措施。他觉得脑子一阵阵晕眩，几乎支持不住了，心想："可不能在这个时候病倒啊！"突然间，他心里明亮起来……

第二天，会众听说杨秀清病了，不少人前去探望他。杨秀清躺在床上，脸色蜡黄，略有些浮肿，双目紧闭，一言不发。大家觉得他病得不轻，心里都很难过。

杨秀清病倒以后，天天都有人去看他。有一天，许多会众不约而同地来到杨秀清家里，屋里屋外挤满了人。忽然，一直双目紧闭、一言不发的杨秀清蓦地睁开眼睛，坐了起来，只是目光发直，似乎谁也看不见一样，大家都非常惊慌。

"我是天父皇上帝，"杨秀清开口了，像是对大家说，又像是自言自语。"我已差遣天王降生，为万国真主，拯救世人。你们大众不知敬拜天父，故特借杨秀清之身下凡告诫你们。"

大家一听是天父皇上帝下凡，顿时都跪伏在地，虔诚地倾听，只听杨秀清愤怒地斥责那些破坏拜上帝会的坏人，又劝人行善，预言未来。说完，杨秀清又双目紧闭，栽倒在床上。但只过了一会儿，他就醒过来了，神志非常清楚，像是大睡一场刚刚醒过来似的。

显然，这个代天父传言的场面是杨秀清精心安排的应急措施。

杨秀清代天父传言的消息传开以后，会众们无比振奋，原来犹豫的人勇敢起来了，动摇的人坚定了，拜上帝会内部纷乱的局面得到了控制，紫荆山的革命运动又走上了正常的轨道。

在太平天国革命的准备阶段，杨秀清以他的机智挽救了革命，也赢得了群众的信任和拥护。

◎故事感悟

在封建社会里，即使农民起义军内部也摆脱不了崇尚神灵、迷信鬼神的风气。在太平天国的危难之际，杨秀清机智巧妙地利用了这一点，用所谓代天父传言之计，使群龙无首的拜上帝会没有瓦解，其化险为夷的机智令人敬佩。

◎史海撷英

天京事变

1856年，天京事变爆发。该事变是太平天国领导层内部的严重内讧，地点在首都天京（南京），东王杨秀清、北王韦昌辉及燕王秦日纲在此事件中被杀，另有约两万人丧生。天京事变被视为导致太平天国失败的其中一个重要原因，从此太平天国由盛而衰。

◎文苑拾萃

《天父诗》节选

（清）洪秀全

功臣既得赖扶阳，同忠志草顶山江，
小志花开千万载，荣时私出力高张。（第七首）

服事不虔诚，一该打；
硬颈不听教，二该打；
起眼看丈夫，三该打；
问王不虔诚，四该打；
躁气不纯净，五该打。（第十七首）

一眼看见心花开，大福娘娘天上来；
一眼看见心火起，薄福娘娘该打死；
大福薄福自家求，各人放醒落力修。（第二十四首）

知情不报应同情，藏奸瞒天云雪飞；
话人须要话到底，含含糊糊累到谁。（第九十九首）

洗身穿袍统理发，疏通扎好解主烦；
主发尊严高正贵，永远威风坐江山。（第二百首）

乃车对面向路行，有阻回头看兜平；
苑内游行真快活，百鸟作乐和车声。（第四百二十三首）

艺匠两面三刀弄奸臣

◎人禀五才，修短殊用，自非上哲，难以求备。——南朝·梁·刘勰

袁彬（1401—1488），字文质。江西新昌县义钧乡（今宜丰县澄塘镇秀溪村）人。明代光禄大夫上柱国左军都督。袁彬出生于近侍家庭，自幼聪颖，能诗善文。其父袁忠，建文四年（1402）被选为锦衣卫校尉，在宫中近40年，一直当皇帝的近侍。正统四年（1439）袁忠辞疾家居，以39岁之子袁彬代其校卫职。袁彬虽地位卑微，后因在"土木堡之变"护驾北征，成为捍卫国格、护驾有功的英雄。

明英宗天顺年间，锦衣卫指挥门达专权。袁彬因曾在土木之变时护驾有功，深得英宗信赖，门达因而嫉妒，于是暗中派人刺探袁彬的隐私，想找到把柄置袁彬于死地。

当时有个叫杨暄的艺匠，善于制作倭漆，因此外号叫杨倭漆。他听说门达想陷害袁彬，很是气愤，于是写了20条门达的罪状呈给英宗，并再三说明袁彬所受的冤屈。

英宗命门达传讯杨暄审问。杨暄见了门达，毫不惊慌，就好像事情根本不是他做的一样，对门达的问话一律答"不知道"，并且说："我是一名艺匠，没念过什么书，和大人您也从没有矛盾，怎会做出这种事？但大人若能屏退左右，我就将整个事件的实情禀告大人。"

俩人独处后，杨暄告诉门达："事实上这一切都是内阁李贤授意我做的，他要我呈给皇上一封奏书，至于内容写些什么我实在不知。如果大人在朝廷百官面前询问我，我愿意当众和李贤对质，李贤一定无法狡赖。"

门达听了非常高兴，便以酒肉招待他。

第二天早朝时，英宗命有关大臣齐集午门，杨暄入殿后，门达对李贤说："这一切都是你的计谋，杨暄已从实招了。"李贤正一头雾水时，杨暄便大声说："我死也就罢了，为什么要诬赖好人？我一个小百姓，怎么可能见到内阁大臣呢？老天在上，这一切都是门达教我的。"

接着他详细说明所呈奏皇上有关门达的20多条罪状，门达当场灰头土脸。英宗虽未将门达治罪，但从此对门达疏远许多。袁彬则被派往南都，一年后又奉旨回京，日后门达也因他罪贬至广西，最后死于广西。

◎故事感悟

杨暄处事机警，寥寥几句话便起到了四两拨千斤的功用，不仅使自己化险为夷，也达到了救助忠良的目的。由此可见，机智地运用话语的力量有时要胜过真刀实枪。杨暄在类似事件中的所作所为虽属无奈，但却引人深思。

◎史海撷英

夏完淳怒斥洪承畴

由于众寡悬殊，义军最后还是被清军打败了。吴日升和陈子龙相继牺牲。可是夏完淳仍然满腔热情地四处奔走，宣传抗清，联络抗清志士。他还写了大量诗篇，抒发忧国忧民的心情，但由于南明政权无心也无力组织抗清，这使夏完淳的种种努力都化成了泡影。1647年秋天，夏完淳写给鲁王的一封奏折不慎被清军查获。几天之后清兵闯入他家，把他和他的岳父钱旃一起抓住，押送到了南京。

在审讯的堂上，夏完淳昂首挺立，坚决不肯跪下。此时在审讯夏完淳的，是明朝的降臣洪承畴。他听说博学多才、声震江南的"神童"夏完淳被抓到了，就决定要亲自劝诱他降清。此时此刻，夏完淳看到这个背叛了朝廷、甘心为清朝做奴仆的狗官，心里怒火中烧。

洪承畴假惺惺地说："你年纪轻轻的，懂得什么，哪能够领兵造反呢！一定是上了奸人的当。看你年幼无知，实在可怜。只要肯归顺我朝，回去好好读书，本督将来保你做大官。”

夏完淳装作不知道的样子，故意说：“我听说有个亨九（洪承畴的字）先生是本朝的大忠臣。松山杏山一战，他身先士卒，壮烈殉国。我虽然年幼无知，可早就十分仰慕他的忠烈。我如今要像他那样杀身报国，决不投降。”

洪承畴身边的卫兵还以为夏完淳不知道是谁在审问他，就悄悄告诉他，现在端坐在堂上的就是亨九先生。他归顺了清朝，还做了大官。

夏完淳听了，更加气愤，冷笑一声说：“亨九先生早已经殉国了，天下人谁不知道？当时先皇帝（崇祯）还亲自设祭，泪流满目，众大臣东向遥拜。你们这些小人是什么东西，竟敢假冒忠臣大名，污辱忠魂，实在可恨可恶！”

夏完淳的义正词严的话语，使得洪承畴坐立不安，却又无言以对，好半天才有气无力地把手一挥，说：“带下去！”他原以为，一个十六七岁的孩子很好对付，不料夏完淳竟当着许多文武官员，口口声声称他是以身殉国的大明忠臣，真是又羞又恼，哭笑不得。

夏完淳在狱中泰然自若，谈笑自如。他知道自己不可能生还，把生死置之度外。在狱中他写下《狱中上母书》，向母亲表白自己忠贞不屈的爱国之心，安慰母亲说：“人生谁不死，最要紧的是怎么死，要死得有价值。为国而死，正是尽了我的本分。”夏完淳在狱中还写下了《遗夫人书》和诗集《南冠草》。

夏完淳曾写了一首诗赠给钱游，诗中说：

乐今竟如此，王郎又若斯。自差秦狱鬼，犹是羽材儿。

月白劳人唱，霜空毅魄悲。英雄生死路，却似壮游时。

在监狱中钱游没有像夏完淳那样坚定，常愁眉苦脸，言谈话语中常常流露出乞求活命的心意。夏完淳用民族大义开导他，并写了这首诗。夏完淳还慷慨地说：“当年我们与陈公（陈子龙）一同饮血酒起义，江南人民莫不踊跃参军。今日兵败被擒，我当和岳父大人一起慷慨就义，才能对得起陈公和死难的义士，也才算得上堂堂大丈夫。怎么能贪生怕死，苟且偷生地活着呢？”

◎文苑拾萃

袁彬家族墓群

袁彬家族墓群坐落于今江西省宜丰县澄塘镇秀溪村袁家之斫罴塘。在墓南3公里处清水桥头立有一巨碑（约为明正统至嘉靖年间立），下乘龟趺座，为袁氏墓之神道碑，上刻"诰赠光禄大夫上柱国左军都督袁公讳彬诰封一品夫人袁母王氏太夫人神道"。

墓群前，置放石牲之地约占三亩之广，依山丘缓坡自下而上安置石狮一对；石仲翁2具，系顶盔披甲武士；石马2具，无鞍鞯，辔头与真马高度相当；石狮2具，伏地蜷卧；石羊一对，作跪伏状。石牲之后为御碑，碑作两列分立，共6块，每列各3块，均为汉白玉。各碑碑顶浮雕双龙珠与"圣谕"、"谕祭文"等篆额。左第二碑分三段，上段刻"奉天诰命"，中段刻英宗天顺六年所制旌表袁彬的诰封，下段刻袁彬自撰《恭纪恩荣铭》。据相关人士透露，袁彬墓御碑之多，尚属少见。目前该墓群已于1983年9月列为宜丰县第一批重点文物保护单位。

刘墉妙答乾隆帝

◎仅仅拥有机智是不够的，低估还必须拥有足够的机智来使自己避免拥有太多的机智。——名人名言

> 刘墉（1719—1804），字崇如，号石庵，另有青原、香岩、东武、穆庵、溟华、日观峰道人等字号，山东省高密县逄戈庄人（原属诸城），祖籍江苏徐州丰县，清代书画家、政治家。刘墉是乾隆十六年（1751）进士，刘统勋子，官至内阁大学士，为官清廉，有乃父刘统勋之风。刘墉做过吏部尚书，体仁阁大学士，嘉庆九年十二月二十五日卒于京，谥文清。

刘墉是清朝乾隆年间的进士，知识渊博，机智过人。一次，乾隆皇帝想出难题难住刘墉，先问他："每天从京师九门出去多少人？进来多少人？"刘墉伸出两个手指头，说："俩人儿！"乾隆问："怎么会只有两个人？"

刘墉说："陛下，我说的不是两个人，而是两种人：一是男人，一是女人，不是俩人儿吗？"乾隆见没有难倒刘墉，又问："你说大清国一年生多少人，死多少人。"刘墉答道："一年生1个，死12人。"乾隆故作惊讶："照你这样说法，岂不是没有人了吗？"刘墉说："回奏万岁，我是按属相来说的。比方说，今年是牛年，无论生10万还是30万，都属牛，所以说一年只生一个。然而，一年当中，死去的人属什么属相的都有，所以说一年死12个。"乾隆帝听后大悦，从此对刘墉更加器重。

◎故事感悟

刘墉将具体的人与抽象意义上的属相有机地融合在一起，运用偷换概念的方

法在二者之间游刃有余，从而完满地回答了乾隆帝提出的刁钻问题。

◎史海撷英

刘墉巡抚湖南

在湖南任期内，刘墉盘查仓储，勘修城垣，整顿吏治，镇压反叛。在不到两年的时间里，刘墉的政绩可谓斐然。《清史列传》上面说他："在任年余，盘查仓库，勘修城垣，革除坐省家人陋习，抚恤武冈等州县灾民，至筹办仓谷，开采峒硝，俱察例奏请，奉旨允行。"将其所办大事都列举出来了。《湖南通志》也赞扬刘墉抚湘期间，所行诸事"民以为便"。

◎文苑拾萃

体仁阁

体仁阁位于今太和殿前广场内东侧，面西。始建于明永乐十八年（1420），明初称文楼，嘉靖时改称文昭阁，清初改称体仁阁。乾隆四十八年（1783）六月毁于火，当年重建。

体仁阁设重楼9间，进深3间，高25米，坐落于崇基之上，上下两层，黄色琉璃瓦庑殿顶。明间为双扇板门，左右各3间安装一码三箭式直棂窗，两梢间、山墙及后檐用砖墙封护。檐下施以单昂三踩斗栱。一层屋檐上四周是平座，平座周围廊装有24根方形擎檐柱，用以支承顶层屋檐，柱间设寻杖栏杆连接，站在平座上可凭栏远眺。上层楼7间，四面出廊，前檐装修斜格棂花槅扇28扇，梢间与山墙及后檐墙用木板做封护墙，减少了下层的承重力。檐下为重昂五踩斗栱。檐角安放脊兽7个。

康熙年间，曾诏内外大臣举荐博学之士在体仁阁试诗比赋，清代各朝御容也曾收藏于此。乾隆年重建后，此处作为清代内务府缎库，内设收贮缎绣木架143座。

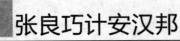

张良巧计安汉邦

◎我思考，所以我生存。——格言

张良（约公元前250—前186），字子房，传为汉初城父（今安徽亳州）人。汉高祖刘邦的谋臣，秦末汉初时期杰出的政治家、军事家，汉王朝的开国元勋之一，"汉初三杰"（张良、韩信、萧何）之一。

汉高祖六年（公元前201），刘邦统一了天下，在洛阳即皇帝位。然后，论功行赏，大封功臣。刘邦认为创立汉家天下，萧何功劳堪称第一，就先封他为郧侯。众将都不服气，齐声争辩道："臣等披甲戴胄，持矛执戟，亲身上阵作战杀敌，参加过的大小战斗，多者上百次，少的也有七八十次。我们攻城略地，大小功劳各有等差。而萧何不曾有汗马之劳，只不过善于舞文弄墨，徒发议论而已。既然不参加战斗，凭什么反而位居我们之上，我们不服，请皇上明示。"

刘邦说："诸位知道打猎吗？"众将说："知道。"刘邦说："打猎，追杀野兽、野兔的是狗。而发现踪迹，指示野兽穴处的则是人。现在诸位只能猎取野兽，功劳相当于猎狗；至于萧何，他发现踪迹，指示兽穴，功劳相当于猎人。并且，诸位都是独自一身追随我，多的也不过二三人。而萧何举族数十人追随我，他的功劳不可以忘记。"刘邦还命萧何可以带剑穿履上殿，入朝不必趋行。众将虽心里不服，也不再多说了。

刘邦又封曹参为平阳侯。张良没有战功，刘邦说："运筹策帷帐之中，决胜千里外，子房（张良字）功也。请你自择齐地三万户以为封赏。"张良说：

"下臣起自下邳，与皇上在留（今江苏省沛县东南）地相遇。这是上天把下臣交给陛下。陛下用臣的计谋，侥幸往往得中。下臣的意愿是在留地就满足了，不敢当三万户的封赏。"刘邦很高兴地封张良为留侯。高祖刘邦先后分封了大功臣二三十人。其余的将领因日夜争功而不能决定，所以还未得到封赏，人人心怀不满，怨言颇多，酝酿闹事。

有一天，刘邦与部分亲信大臣在洛阳南宫议事，从宫楼的阁道上望见众将三五成群，聚集在一起，沿着洛水之滨，坐在沙滩上，互相交头接耳，窃窃私语。刘邦问身边的张良说："他们在谈论什么？"张良回答说："陛下难道不知道吗？这是在商量要谋反呢！"，刘邦听罢，大吃一惊，忙问："天下刚刚安定，他们为什么要谋反呢？"张良从容说道："陛下起自布衣，依靠这帮人夺取了天下。今天，陛下做了天子，但所封赏的功臣，都是萧何、曹参这些故旧知交和亲信。而所杀戮的人，都是平生所怨恨和仇视的。现在军吏在计算功劳时，又认为天下的土地用来进行普遍封赏是不够用的。这帮人害怕陛下不能都封赏，又担心平生有过失被陛下揪住招来杀戮，所以愤愤不平，聚集起来准备谋反哪！"

刘邦一听，觉得有道理，顿时忧虑起来，向张良问计说："你看这件事应该怎么办好？"张良回答说："陛下平生最憎恨的人，众将也都知道的，以谁为甚呢？"刘邦说："雍齿，这个人在我未起兵时就与我有旧怨，曾经几次羞辱我，我早就想杀了他，但是因为他战功很多，所以我又不忍心下手。"张良就乘便建议："那么陛下就赶紧封雍齿，以向群臣昭示陛下胸怀宽大，不念旧恶。群臣见雍齿都能受封，他们的疑虑就会打消，人心也就自然而然安定下来。"

刘邦采纳了张良的建议，一面大摆酒席，宴请群臣，并在酒宴上宣布封雍齿为什方侯。一面督促丞相、御史加速论功行赏，尽早解决封功臣问题。众将见雍齿受到封赏，都高兴地说："雍齿尚且封了侯，我辈不会有祸患了。"就都安下心来等候封赏。

引起变乱的事，史不绝书。刘邦先封雍齿，是以奇示正，争取时间以安定人心。一场萧墙之患顷刻化解于无形。宫廷如战场，信不虚矣。

◎故事感悟

战争胜利后，需要对众将官进行赏赐。但是这并不是一个简单的问题，如果处理不好就会引起人生浮动，就会给朝廷带来不安。张良出了一个好计策，使有功人员得以安心扶佐刘邦，稳定了社稷，张良真谋士也！

◎史海撷英

卑宫为美

魏齐王正始八年（247），吴大帝孙权下令修缮建业的官殿。但他不让伐取新的木料，而是到武昌拆除那里的官殿，把那些砖瓦木材运来使用。负责工程的官吏禀告说："武昌宫殿已经建成二十八年，砖瓦木料都很破旧，恐怕不能再用。陛下为什么不让下面的州县送来呢？"

孙权摇摇头，说："古时候，大禹就以宫室卑下为美，我也应该这样。再说，现在连年征战，已经向全国征收了不少赋税。要是再让各地砍伐木材，妨害农林生产，百姓的日子就更苦了。我看，武昌宫殿的旧砖木还是可以用的。"

于是，孙权迁居南宫，马上进行施工前的准备。

三月，建业的太初宫改建工程动工了。孙权为了减轻百姓的负担，还命令将领和各州郡的官员都来义务劳动。

◎文苑拾萃

老生常谈

尚书何晏听说平原郡人管辂精通占卜之术，就派人请管辂来自己家。魏齐王正始九年（248）十二月，管辂到何晏府邸拜访。两个人自然谈论起《周易》来。尚书邓飏正好也在场，他问管辂："先生自己说对《周易》很有研究，可说话时又从不涉及《周易》的内容，这是为什么？"管辂微微一笑，说："精通《周易》的人是不说说《周易》的。"何晏不由得拍掌笑道："这话太精辟了！"聊了一会儿，何晏对管辂说："请先生为我占卜，看我能不能位列三公？"

　　管辂说："古时候八元、八凯辅佐虞舜，周公辅佐成王，他们都仁厚谦逊，所以多福多寿。这种事不是占卜能决定的。"

　　何晏听了，心里不太痛快。他又问："这几天我总梦见几十只青头苍蝇落在我的鼻子上，轰也轰不走，这是怎么回事？"

　　管辂微皱双眉，说："这可不太好。鼻子是天中之山。《孝经》里说：'高而不危，所以长守贵。'青头苍蝇这种又脏又臭的东西聚集在鼻子上，怕是地位高的人快要下台，轻佻奢侈的人快要灭亡了。尚书别再干不合礼法的事，这样，不但可以位列三公，也可以赶走那些苍蝇。"

　　何晏没有说话，邓飏却不以为然地说："你这是老生常谈。"

　　管辂说："今天却是老生见到了不生，常谈遇上了不谈。"

　　管辂回到家里，把这些都告诉了他舅舅。舅舅责怪管辂说话太直，太露骨，替他捏一把汗，管辂却满不在乎地说："我那不过是和死人说话，有什么好怕的！"

　　舅舅听了大发雷霆，斥责管辂太狂傲，不知天高地厚。

　　不久，何晏、邓飏等人果然受曹爽牵连而被灭族。管辂的舅舅听说以后，惊讶地问管辂："你怎么知道何晏、邓飏会有灭顶之灾？"

　　管辂淡然一笑，说："邓飏走路时松松垮垮，站着时歪歪斜斜，好像没手没脚似的，这就叫鬼躁；何晏看上去魂不守舍，面容憔悴，萎靡不振，这就叫鬼幽。这都不是能永远享福的貌相。"

陈平巧解白登围

◎有机智之巧，必有机智之改。——谚语

> 陈平（？—前178），西汉阳武（今河南原阳）人。西汉王朝的开国功臣。在楚汉相争时，曾多次出计策助刘邦。汉文帝时，曾任右丞相，后迁左丞相。

汉高祖六年（前201）秋天，匈奴冒顿单于率军包围了驻扎在马邑（今山西朔县）防边的韩王信。韩王信多次派使者向匈奴求和，引起汉高祖的怀疑，韩王信担心得罪被杀，就投降了匈奴，并为匈奴军队做向导，引兵南逾勾洼山，进攻太原（今山西太原西南）。

刘邦得到消息，亲率大军抵御。汉军在铜鞮（今山西沁县南）打败了韩王信的军队之后，乘胜追击匈奴。

冒顿单于料定刘邦必率军一鼓作气与匈奴交战，便设下诱敌之计，待汉军上钩。是时，正值天气严寒，雨雪交加，汉兵冻掉手指的有十分之二三。刘邦暂将军队驻扎在晋阳（今山西太原西南），得悉匈奴屯兵代谷（今河北蔚县东北），想继续冒雪追击，于是先派人前往侦探敌情。不久，十几个侦骑纷纷回报说：所见者均为匈奴老弱病残，瘦马病畜，可以进攻。刘邦稍觉安心，再派大臣刘敬出使匈奴，伺机侦探实情。没等刘敬返回，刘邦便已耐不住性子，统率三十二万大军跨过勾洼山，直抵广武（今山西代县西南）。这时正值刘敬赶回，报告说："两国交兵，理应耀武扬威，各夸兵力。可是臣去探视匈奴人马，都是老弱病残，这一定是冒顿的诱敌之计。他故意让我们看他的短处，却暗伏精兵，引诱我军深入，以便出奇制胜。下臣以为匈奴不可攻击。"

刘邦要乘胜长驱直入，兴致勃勃，不但听不进刘敬的忠言，还以扰乱军心的罪名将刘敬押赴广武下狱，等得胜回师之日再行发落。

冒顿得知刘邦已经上钩，愈加示弱，不战而退，刘邦求胜心切，亲率骑兵先头部队抵达平城（今山西大同东北），步兵被甩在后头。但刘邦立足未稳，冒顿的四十万精锐骑兵就从天而降，把刘邦团团围住，困在离平城十里左右的白登山上。汉军步兵虽然赶到，但受到匈奴的层层阻击，无法救援被围的刘邦一行。

一直围了七天，天气寒冷，粮食将尽，汉军将士又冻又饿，实在无法坚持，眼看要被困死在白登山上。刘邦这才后悔没听刘敬之言，满面悲愁。这时，陈平想出一条奇计，刘邦传令照行。于是，陈平派遣一名使者偷偷混入匈奴大营，私下求见冒顿宠爱的阏氏，先送上一份厚礼，又献上一幅美女图，对阏氏说："汉帝为单于所围，极愿罢兵修好，所以把金珠奉送阏氏，求阏氏代为乞情。如果单于不肯答应，愿将国中第一美人献给单于。现因美人不在军中，所以先把美人图形呈上，请单于过目。目前已派轻骑去接美人，不日可到，即便送来，烦请阏氏传达单于。"

阏氏见到这幅美人图，已经不快，又听欲献美女给单于，更加妒意满怀，唯恐夺宠，于是连忙制止。汉使早受陈平指教，深谙此时阏氏心理活动，接口道："其实汉帝也舍不得这个美人，也担心献给单于，夺了阏氏的恩宠，只是事到如今，迫于无奈，只好这么办了。望阏氏体察。如果阏氏能设法解救，还有何说！美人当然不敢献上，情愿再送些金银给阏氏。"

阏氏听后愁怀顿解，心中有了主张，把汉使打发走了。

当天夜里，阏氏在枕边劝冒顿说："两主不相困。如今即使得到汉地，也恐水土不服，我们不能久居。何况汉军已被困七日，军中竟无惊扰，虽危亦安，想是刘邦得到了神灵佑助，不如放其出围，免生战祸。"冒顿正私下里怀疑汉军降将韩王信、赵利等没来率兵合围，恐其中有诈，加上阏氏这番话，担心长期围困下去对自己不利，于是传令撤去包围的一角，放出汉兵。刘邦得空趁着大雾率将士狼狈逃出重围。

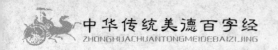

回到广武，刘邦立即释放刘敬，并封侯赐邑，又封陈平为曲逆侯，表彰他解围之功。

◎故事感悟

陈平巧施献美奇计，解脱白登之围，导演了这场出奇制胜的心理战，可见聪明机敏对一个人、一件事是多么重要！

◎史海撷英

司马懿装病

魏齐王曹芳刚即位时，大将军曹爽因为司马懿年纪大，地位一向很高，就把他当做父辈那样侍奉，每次遇到事情都要去拜访司马懿，向他请教，从来不敢独断专行。

当时，魏有五个名士，他们是毕轨、邓飏、李腾、何晏、丁谧。由于他们急功近利，趋炎附势，徒有其表，魏明帝曹叡讨厌他们，没有录用他们做官。曹爽和他们的关系却很密切。等到曹爽大权在握，马上起用他们，把他们当做心腹。这五个人给曹爽出主意说："大将军千万不能把朝政交给外人，免得将来生出祸患。"

曹爽按照他们的计策，让曹芳任命司马懿为太傅，削去他的兵权，而曹爽的几个弟弟纷纷升官封侯，受到格外恩宠。他们在朝廷的地位没人能比，出入宫廷禁地就像在自己家里一样。曹爽对司马懿仍然谦恭有礼，但决定朝政大事时已经很少听取他的意见了。

魏齐王正始五年（244），曹爽受李腾和邓飏的怂恿，不顾司马懿的劝阻，出兵伐蜀，结果大败而归。曹爽不但不接受教训，反而又采纳何晏、邓飏、丁谧的计谋，把太后迁到永宁宫，独揽朝廷大权。司马懿无法阻止，逐渐和他产生矛盾。五月，司马懿称病在家，不再上朝，曹爽更加放纵了。他骄奢无度，吃饭穿衣，竟和皇帝一样，家中充满皇宫中才有的珍奇玩物，还私自留用先帝宫中的宫女做歌女舞女。他建造了豪华的地下宫殿，常常和何晏等人在里面饮酒作乐。他的弟弟曹羲见他这样荒淫奢侈，十分担忧，好几次哭着劝他，但他就是不听，曹爽兄弟几个还经常一起出城游玩。司农桓范劝曹爽说："大将军兄弟同时出城，要是有人乘机关上城门，大将军怎么办？"

曹爽把眼一瞪，说："谁敢这么大胆！"

这年冬天，河南尹李腾出任荆州刺史，他向司马懿辞行。来到太傅府，等了好半天，才见司马懿由两个婢女搀扶着，颤颤巍巍地挪了出来。一个婢女捧着衣服让司马懿更衣。司马懿接过来，还没穿上，手一抖，衣服就掉在地下。好容易才穿戴整齐，他又缓缓抬起手，哆里哆嗦地指指嘴，表示口渴。一个婢女赶紧端上一碗粥来，司马懿拿不动碗，只能让婢女端着，他自己把嘴凑到碗边喝。一边喝着，一边从嘴角往下淌，弄得胡子、下巴、衣襟哪儿都是粥汤。李腾见他这样一副老态龙钟的样子，心中有点不忍，便说："没想到太傅竟病成这样。"

司马懿气喘吁吁地说："我本来就年老体弱，加上这场病，活不多久……你做并州刺史……并州靠近胡地，要注意防备……"

李腾说："太傅，不是并州，是我的故乡！"

司马懿皱皱眉，说："什么？你刚刚去过并州？情况还好吗？"

李腾无可奈何地苦笑一声，提高嗓门说："是荆州。"

司马懿这才听明白，笑着点点头，说："好，荆州好……你回到家乡，正好可以轰轰烈烈地大干一场……"说着，他又落下泪来，指指自己说，"可惜我是看不到啦。"

李腾离开司马府，马上禀告曹爽说："司马公只剩下一口气，他思维混乱，离死不远了，用不着担心。"

曹爽放心了，他不再对司马懿加以戒备。司马懿却在暗地里和他的儿子、中护军司马师以及散骑常侍司马昭加紧活动，准备诛杀曹爽。

梅尧臣读书石

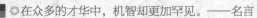

◎在众多的才华中，机智却更加罕见。——名言

> 梅尧臣（1002—1060），字圣俞。宣州宣城（今属安徽）人，宣城古称宛陵，世称宛陵先生，北宋著名现实主义诗人。梅尧臣初试不第，以荫补河南主簿，50岁后，于皇祐三年（1051）始得宋仁宗召试，赐同进士出身，为太常博士。梅尧臣以欧阳修荐，为国子监直讲，累迁尚书都官员外郎，故世称"梅直讲"、"梅都官"。梅尧臣曾参与编撰《新唐书》，并为《孙子兵法》作注，所注为孙子十家著（或十一家著）之一。梅尧臣有《宛陵先生集》60卷，有《四部丛刊》影明刊本等，词存二首。

宋朝诗人梅尧臣的家乡在梅溪村，是一个山清水秀、风光绮丽的好地方。梅山脚下梅溪旁，有一块长方形的青石板。梅尧臣小时候，常和伙伴们以此为桌，读书写字。年长日久，这石板竟磨得精光溜滑。村里人都敬重地称它为"读书石"。

梅尧臣13岁那年，宛陵一个姓方的举人死了父亲。他和风水先生选择坟地，路过梅溪村，一眼看上了这块平洁光滑的读书石，硬要家丁抬回去给老子做墓碑。村里人哪里舍得？于是纷纷上前劝阻。有几个小孩干脆趴在青石上喊叫起来："这是我们的读书石！"

"什么读书石！"方举人火了，边喊边动起了拳脚。眨眼工夫，好几个孩子被打倒在地。梅溪旁哭声、喊声响成一片。

此时，梅尧臣正在家中吟诗诵赋，听到外面的嘈杂声，急忙跑了出来。只见两个家丁在方举人的指挥下，正要动手抬走"读书石"。梅尧臣怒火中烧，

"噔"地一步窜上前，两手叉腰，大声喝道："圣俞读书石，谁敢动手！"

方举人一听，如雷贯耳，"扑通"一声跪倒在地，对着青石板连连叩头："小人该死！小人该死！望万岁恕罪。"接着，头也不敢抬地夹着尾巴跑了。

原来，方举人把"圣俞"当成了皇帝的文告——"圣谕"。他胆子再大，也不敢在皇帝老子头上动土哇！

事后，村里人都夸梅尧臣勇敢、机智，并改称这块青石板为"圣俞读书石"。

◎故事感悟

关键时刻，梅尧臣巧妙地借用谐音化解了危机，受到百姓的额手称赞。生活当中，类似的事件并不鲜见，甚至会因之而受骗，因此应提高警惕，进一步继承和发扬机敏善识的传统美德。

◎史海撷英

太常博士

一种古官职名。太常寺属官有博士，掌教弟子，分经任职，如《诗》，分鲁、齐、韩三家，各置一人；国有疑事，则备咨询，秩400石，汉宣帝增为比600石。其职相当于后世的国子博士。三国魏文帝初置太常博士，掌引导乘舆，撰定五礼（吉、嘉、宾、军、凶）仪注、监视仪物、议定王公大臣谥法等事。晋以后沿置，职称清要，而品级不高，唐从七品上。宋太常博博士职守同前代。明、清亦置，均正七品。然谥法掌于内阁，重大礼仪由廷臣讨论，博士地位降低。

蔡锷智讨风筝

◎机智是一种信仰。——名言

蔡锷（1882—1916），原名艮寅，字松坡，湖南邵阳人，我国近代著名的革命家、军事家、政治家，爱国将领，1911年云南重九起义的主要领导者、总指挥，1915年云南护国起义的主要组织者和领导者，中华民国开国元勋。

1915年底，卖国军阀袁世凯复辟称帝，遭到全国人民的唾骂和反对，云南、贵州、广西、四川等地先后燃烧起反袁的烽火。在席卷半个中国的讨袁战争中，涌现出了一位杰出的爱国将领——蔡锷。

蔡锷出身贫寒，小时候无力上学堂求学，只好刻苦自学。当时有个叫樊雉的读书人，见蔡锷资质聪慧，勤奋好学，便主动上门辅导。在樊雉的热情指导下，蔡锷小小年纪就显露出了不起的才华。

一次，蔡锷和小伙伴们外出放风筝，玩得正高兴时，风筝断了线，掉进了知府家的花园之中。小伙伴们都不敢去要，唯有蔡锷不怕。他翻身跃过花园的围墙，跳到园中准备捡回风筝。正巧知府在园中漫步，见一个小孩跳了进来，以为是谁家的淘气鬼故意捣乱，便命令家人上前驱赶。蔡锷没拿到风筝，哪里肯走，便大声嚷道："我的风筝掉到这儿了！"知府向周围扫视了一番，发现小亭子旁边果然有个断了线的风筝，也就消了火气，慢悠悠地说："如果你能对得上我出的对子，风筝自然还你。"蔡锷一扬头，自信地说："对就对，你快出吧，我们还等着玩哩！"

　　知府皱起眉头，正要思索，忽见墙外又冒出几个小脑袋。他触景生情，马上吟出一句上联："童子六七人，无如尔狡。"意思是，在这六七个孩子中，顶数你蔡锷的心眼多啦！蔡锷一听，暗想，你说我"狡"，今天就"狡"给你看看，于是，便不慌不忙地对起下联："知府二千石，唯有公……"他故意留下一字没说。知府以为蔡锷没词了，便得意地追问道："唯有公什么？"

　　蔡锷调皮地眨了眨眼睛回答："我已想好两字，现在由你来挑。如果你把风筝还给我，那就是'唯有公廉'。"知府忙又问道："如果我不还呢？"蔡锷说："那我就对'唯有公贪'。"

　　知府没料到蔡锷一个小孩子家竟如此足智多谋。面对这一"廉"一"贪"的选择，他只有将风筝送还。

◎故事感悟

　　蔡锷以对对子的方式将知府引入"陷阱"中，以机智赢回了自己的风筝，勇气可嘉、聪慧可嘉。换言之，他能在如此短的时间内答出一份有着弦外之音的答卷，其机敏程度可见一斑。

◎史海撷英

重九起义

　　1911年10月10日，武昌起义爆发。在武昌起义成功后，云南革命派积极响应。同年10月16日到28日，昆明同盟会员举行秘密会议，讨论布置起义事宜，推举新军协统（旅长）蔡锷为起义军总司令，决定于10月30日（农历九月九日）午夜起义。30日晚8时许，昆明北校场士兵准备枪弹时，计划暴露，提前于晚9时发动起义。因10月30日是农历九月初九，故称重九起义。李根源赶到北校场带新军73标中的起义者从北门攻城。正在巫家坝做准备的蔡锷、罗佩金、唐继尧等闻讯，立即召集74标官兵，宣布革命宗旨和作战方略，整队出发，由东南方向攻城。激战至31日中午，起义军完全占领昆明，昆明"重九起义"获得成功。

11月1日，革命者在五华山组成大中华国云南军都督府，蔡锷为都督，宣布对内对外方针。数日后，各府、州、县传檄而定，全省光复，清朝在云南的统治被彻底推翻。1913年10月，蔡锷离滇赴京，唐继尧任云南都督，掌握了全省的军政大权。

　　云南是武昌起义之后最早举行起义宣布"独立"的省份之一。起义的胜利声援了武昌，推动了贵州、四川及一些省的独立，为推翻清王朝在全国的统给，建立中华民国，作出了重大贡献，在中国近代史上写下了光辉的一页。云南人民"重九"武装起义，是辛亥革命的一个重要组成部分，在中国革命史上谱写了光辉的篇章。云南各族人民的斗争，不仅直接埋葬了清王朝在云南的统治，而且有力地推动了全国革命高潮的到来。

◎文苑拾萃

登岳麓山

蔡锷

苍苍云树直参天，万水千山拜眼前。
环顾中原谁是主？从容骑马上峰巅！

错出的经典

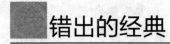

◎大事不糊涂之谓才。——魏源

> 　　梅兰芳（1894—1961），京剧大师，梅兰芳的代表戏京剧有《贵妃醉酒》、《霸王别姬》等；昆曲有《思凡》、《游园惊梦》等。梅兰芳的所著论文编为《梅兰芳文集》，演出剧目编为《梅兰芳演出剧本选集》。

　　梅兰芳的琴师、86岁高龄的姜凤山曾讲述了一件梅兰芳的往事，那是一个美丽的错误，而且，那个错误已经成为沿用至今的经典。

　　那是早年，梅兰芳与人合演《断桥》，也就是《白蛇传》，说的是白娘子和许仙两个人悲欢离合的爱情故事，梅兰芳在剧中饰演白娘子。剧中，白娘子有一个动作，就是在负心的丈夫许仙追赶她、跪在地上哀求她的时候，她爱恨交加，心中五味杂陈，用一根手指头去戳许仙的脑门儿。

　　不成想，梅兰芳用力过大，跪在那里扮演许仙的演员毫无防备，被他这一戳后直接向后仰去，这是剧情里没有设计的动作。可能是梅兰芳入戏太深，把对许仙的恨全都聚集在了手指头上，才造成了这样的失误。眼见许仙就要倒地，怎么办？梅兰芳下意识地用双手去扶许仙。许仙是被扶住了，没有倒下。可梅兰芳马上意识到：我是白娘子，他是负心郎许仙，我去扶他不合常理，这戏不就砸了吗？大师到底是大师，梅兰芳随机应变，在扶住他的同时，又轻轻推了他一下。

　　所以，动作就由原来的一戳变成了一戳、一扶和一推，更淋漓尽致地表现出了白娘子对许仙爱恨交织的复杂心情。这个动作演得出神入化，把险些造成舞台事故的错误扭转了过来，得到了大家的认可。于是，在以后的演出中，梅兰芳就沿用了这个动作，而且，其他剧种也都移植采用了这个动作，从而这个动作成了经典之作。

姜凤山说到这里时，用了一个词：败中取胜。无论是在舞台上，还是在工作中、生活中，无论是大师还是普通人，失误和错误都是难免的，关键是出现失误和错误以后怎么去对待，怎么去处理。处理不当，会酿成事故，导致全盘失败；处理得当，则能败中取胜，化腐朽为神奇。

◎故事感悟

关键时刻出错，梅兰芳没有丝毫的迟疑，而是机敏地将错就错，继而成就了一段戏中佳话。梅先生虽然已离我们而去，但他对事业的精益求精及闪现的聪明才智永远是我们学习的榜样。

◎史海撷英

梅兰芳练画蓄须逃出虎穴

1937年8月13日，日军进攻上海，淞沪战事爆发。日寇占领上海不久，得知蜚声世界的京剧第一名旦梅兰芳住在上海，就派人请梅兰芳到电台讲话，让其表示愿为日本的"皇道乐士"服务。梅兰芳断然拒绝后，便决定尽快离沪赴港。于是他一边给日本人带口信说，最近要外出演戏，一边携家率团星夜乘船赴港。

梅兰芳来到香港后，深居简出，不愿露面。为了消磨时光，他除练习太极拳、打羽毛球、学英语、看报纸、看新闻外，把主要精力都用来画画。他喜欢画飞鸟、佛像、草虫、游鱼、虾米和画外国人的舞蹈。

1941年12月下旬，日军侵占香港，梅兰芳苦不堪言，担心日本人会来找他演戏，怎么办？他与妻子商量后，决心采取一项大胆举措：留蓄胡子，罢歌罢舞，不为日本人和汉奸卖国贼演出。

1942年1月，香港的日本驻军司令酒井看到梅兰芳留蓄胡子，惊诧地说："梅先生，你怎么留起胡子来了？像你这样的大艺术家，怎能退出舞台艺术？"梅兰芳回答说："我是个唱旦角的，如今年岁大了，扮相也不好看，嗓子也不行了，已经不能再演戏了。这几年我都是在家赋闲习画，颐养天年啊！"

　　酒井一听，十分不悦，气呼呼地走了。过了几天，酒井派人找梅兰芳，一定要他登台演出几场，以表现日本统治香港后的繁荣。正巧，此时梅兰芳患了严重牙病，半边脸都肿了，酒井获悉后无可奈何，只好作罢。翌日，梅兰芳感到香港也成了是非之地，不能久留。于是他立即坐船返沪，回到阔别三年多的上海老家。

◎文苑拾萃

梅兰芳纪念馆

　　梅兰芳纪念馆于 1986 年 10 月正式建成并对外开放。坐落在北京西城区护国寺街 9 号，是一座典型的北京四合院，占地 1000 余平方米。朱漆大门上首是挂着邓小平同志亲笔书写的馆名匾额。一进大门，迎面是青砖交瓦的大影壁，影壁前安放着梅兰芳先生的汉白玉半身塑像。院内种有两棵柿子树，两棵海棠树，寓有"事事平安"之意。梅兰芳先生 1961 年逝世前，曾在这幽静、安适的小庭院内度过了他人生的最后十年。1984 年 9 月被列为北京市文物保护单位"梅兰芳故居"。

　　纪念馆成立后，收藏有梅兰芳夫人福芝芳及子女在 1962 年捐献给国家的大量珍贵文物、文献资料。目前辟有 4 个展览室：正院北房为"故居陈列室"，客厅、书房、卧室、起居室的各项陈设均保持梅兰芳先生生前原貌。外院南房为"第一陈列室"，展出了精选的图片和资料，扼要地介绍了梅兰芳一生的主要艺术生活和社会活动；内院东房为"第二陈列室"，陈列着梅兰芳使用过的部分戏装、道具及一些馆藏资料，另一内室为专题展览，不定期更换内容。西房为"第三陈列室"，陈列着国内外友人赠送梅兰芳的书法、绘画和其他纪念品。

张佳胤为盗贼借金

◎临危而不惧，仍运筹帷幄，是机智最大化的体现。——谚语

张佳胤(1526—1588)，明重庆府铜梁县人，明兵部尚书。张佳胤是世宗嘉靖二十九年(1550)进士，授滑县令，任内因擒获大盗，升任户部郎中；穆宗隆庆五年(1571)升右佥都御史，巡抚保定，途因丧归故里；神宗万历七年(1579)复职，巡抚京师宣府镇，因制服塞外桀骜不驯、四处抢劫的头人满老大，升兵部右侍郎；神宗万历十年春，兼右佥都御史，署浙江巡抚；因主持对浙江兵变的镇压有功，获神宗传诏嘉奖，迁兵部左侍郎，旋加右副都御史，总督蓟、辽、保定军务；曾遣部将李成梁屡破鞑靼插汉儿部，功加太子少保、太子太保衔，后回朝任兵部尚书。张佳胤在神宗万历十六年病故，赠少保，谥"襄宪"。

　　明朝时期，县令张佳胤正在堂前批阅公文，忽然闯入一胖一瘦两个锦衣卫使者。锦衣卫使者权力极大，从京城直接来到县里，一定有机密大事。张县令不敢怠慢，忙起座相迎。使者口气强硬地说："大人，我们到后堂，有要事相商。"

　　到了后堂，锦衣卫使者卸除了妆容。县令一看，原来他们是两个恶名远播的强盗。这时，强盗威逼县令交出库金1万两黄金。张县令临危不乱，不卑不亢地说："我并不是一个不识时务的人，绝不会拿自己的生命开玩笑，但万两黄金一时间难以凑齐，给5000两怎么样？""张县令还算痛快，数字就依你，但必须快。"为首的强盗痛快地说。

　　张县令说："这事若相商不成，不是鱼死，就是网破，但既已相商成功，

你我利益一致，你们嫌慢，我更着急呢！一旦泄漏，你们可以一逃了之，我可是逃命都无门啊。然而，此事要办得周全，就不能操之过急。"强盗问道："依你之计呢？"张县令胸有成竹地说："白天人多，不如晚上行事方便，动用库金要涉及很多人员，不如以我名义先向地方绅士筹借，以后再取出库金分期归还，这才是两全之策。"

强盗觉得县令毕竟久经官场，既为自己考虑，又为他人着想，所提办法确也比较妥善，就当场要他筹措借款之事。张县令开列了一份名单，指定某人借金多少，共有9名绅士，共借黄金5000两，限于今晚交齐，单子开好后随即让两个强盗过目。接着张县令对两人说："请两位打扮整齐，我要传小厮进来按单借款。"两个强盗心想，这个县令真好说话，想得又周到，要不是他及时提醒，岂不要被来人看出破绽，于是就越加信任县令了。

不一会儿，县令的心腹小厮被传了进来。县令板着脸说："两位锦衣使奉命前来提取金子，你快按单向众位绅士借取。要办得机密，不得有误。"小厮拿了单子去借款了，果然办事利落迅速，没多久，就带了9名绅士将金子送来。他们为了不走漏风声，将金锭裹入厚纸内。然而等揭开纸张，里面竟是刀剑等兵刃，他们以迅雷不及掩耳之势，直扑两名强盗，强盗还没弄清是怎么回事就一齐被擒了。

原来，这就是张县令对付强盗的计策，他先"诚意"地和强盗讨价还价，还处处"好意"地既为自己又为强盗着想，说话做事处处谨慎，获取强盗的信任，从而使他们丧失警惕。他开列的"绅士"名单却是本县的9个捕快的名字。强盗是外来的，当然不认识这些名字，而小厮一看就心中有数。9个捕快都是捕盗好手，知道县令的计谋，于是结伴而来，一举擒获了强盗。

◎故事感悟

张佳胤遇见危急坐怀不乱，与歹徒周旋，由之凸显出其沉着冷静的一面，之后逐步设局，继而活捉强盗。世界很大，每天发生的不平事并不鲜见，如何去机智应对并最终取得斗争的胜利，张佳胤为人们作出了榜样。

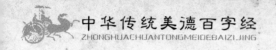

◎史海撷英

张佳胤计服满五大

万历七年，蒙古族首领俺达归顺，封顺义王，其弟满五大不满，带兵进犯。边关总兵连吃败仗，向朝廷求援。满朝文武不愿与外敌交战，首辅张居正便向神宗皇帝报奏张佳胤可领兵破敌。张佳胤以宣府巡抚兼招讨使统兵前往边关破敌。

张佳胤到了边关，首战擒住了满五大部下八赖。总兵麻锦将八赖绑押刑场。将斩首时，张佳胤亲至刑场给八赖松绑，赦免其罪。八赖感激不尽，并答应协助捉拿满五大。

当时顺义王别部又骚扰塞外，张佳胤佯作分兵击敌。满五大以为张佳胤驻守的头曼城空虚，星夜偷袭头曼城。来到头曼城下，只见四面城门大开，城内灯火辉煌，街道人群熙攘。满五大笑道："一空城小计岂能骗我！"便攻进城去，一声炮响，人群突然消失，伏兵潮水般涌出，喊杀声铺天盖地，敌兵撤退不及，大部分被俘被歼。

◎文苑拾萃

马道驿丞歌

（明）张佳胤

马道驿臣八十五，身寄西秦家东鲁。
耳聋齿脱鬓如霜，出入逢迎状伛偻。
路接青桥与武关，栈道崎岖无与伍。
不卑小官有展禽，不薄乘田有尼父。
尔心岂是学圣贤，蜗角蝇头良自苦。
余也东朝师保臣，罔生六十负君亲。
抗章十数不得请，今始给驿归梁岷。
宦情见尔如胶漆，方信余为勇退人。